Uma breve introdução a História afro-americana

Da escravidão à liberdade

(A história incontável do colonialismo, dos direitos humanos, do racismo sistêmico e da questão da vida negra)

Imprensa do Livro de História Global 1.1

Biblioteca acadêmica

Isenção de responsabilidade

De cima para baixo à esquerda:

Frederick Douglass (abolicionista), Sojourner Truth (ativista), Martin Luther King Jr. (ativista), George Washington Carver (cientista)

Nossos outros livros

Interessado na história da URSS?

A História da URSS 1914-1991 é um relato abrangente e autoritário de um dos períodos mais importantes da história do mundo moderno. Ela traça eventos desde a Rússia czarista, até a Revolução Bolchevique de Lenin, o governo de Stalin, o "Thaw" de Khrushchev e a estagnação de Brejnev - até Gorbachev e mais além. Este livro oferece uma perspectiva inigualável da sociedade soviética em todos os níveis - político, econômico, social e cultural.

Este livro é um relato abrangente da ascensão e queda do comunismo na Rússia. O autor examina como esses líderes lidaram com problemas econômicos como a escassez de alimentos e o desemprego. Ele também explora suas políticas externas durante a Segunda Guerra Mundial e posteriormente, quando tentaram manter um império que estava fugindo de seu alcance.

Você descobrirá como as pessoas viviam sob o comunismo; o que comiam; onde se divertiam; como eram feitas suas roupas; quem podia viajar ao exterior ou comprar bens estrangeiros; o que acontecia quando adoeciam ou morriam. E você aprenderá sobre todas aquelas coisas que agora são tão familiares, mas que ainda não tinham sido inventadas na época - telefones celulares, computadores, filmes ocidentais... Todas essas coisas surgiram desde 1991, mas este livro lhe dirá como era a vida antes delas.

Você poderá entender porque este país se desmoronou tão rapidamente após sua criação, lendo este livro! Há muitas lições aprendidas para aqueles que querem estudar os países comunistas ou simplesmente aprender mais sobre a história russa!

Você pode encontrar este livro em uma versão em brochura em todos os principais sites de livrarias

Se você está interessado na história da China, este é um grande livro para você!

Este livro é uma breve história da República Popular da China. Ele cobre tudo desde as Dinastias Antigas e Guerras Civis até a ascensão do Partido Comunista Chinês. Você pode ler sobre como tudo começou, o que aconteceu durante o governo de Mao Tse Tung, e muito mais!

Em 1949, o Partido Comunista Chinês (PCC) obteve sua primeira vitória e estabeleceu a República Popular da China. O PCC foi liderado por Mao Tse Tung e seus camaradas de luta como Zhou Enlai, Zhu De, Chen Yun e Deng Xiaoping. Eles levaram o povo a lutar contra os invasores japoneses e seus inimigos domésticos incluindo proprietários, camponeses ricos, contra-revolucionários e maus elementos que estavam sabotando a reconstrução nacional.

Se você estiver interessado em conhecer o passado deste país, então este é um ótimo lugar para começar. O autor criou um livro informativo que lhe dará uma melhor compreensão sobre o que aconteceu ao longo do tempo. Ele também inclui imagens para estudantes visuais que querem ver imagens e também palavras.

Este livro lhe contará como esses líderes ajudaram a moldar a China moderna com suas habilidades de liderança que ainda hoje são usadas! Você aprenderá como eles lutaram pela igualdade entre todas as classes da sociedade, ao mesmo tempo em que construíram uma economia que poderia competir em escala global. Não se trata apenas de uma história sobre política ou economia - é também uma história de cultura! Aprenda mais sobre os costumes tradicionais a partir desta breve história da China!

Você pode encontrar este livro em uma versão em brochura em todos os principais sites de livrarias

Introdução

Neste livro vamos falar sobre a história dos afro-americanos, também chamados afro-americanos ou negros americanos, essas pessoas são um grupo étnico nos Estados Unidos. Os membros são residentes nos Estados Unidos com ascendência africana total ou parcial.

Em 2000, havia 34,6 milhões de afro-americanos nos Estados Unidos; isto representa 12,3% da população dos Estados Unidos. Eles são esmagadoramente descendentes de escravos trazidos para os Estados Unidos, mas após a abolição da escravidão em 1863, também houve imigração do Caribe e da própria África; o resultado deste último fluxo migratório é uma população de cerca de 800.000 pessoas.

Este grupo populacional tem uma história educacional que denuncia muitos aspectos de pontos de dor difíceis na sociedade contemporânea. É extremamente importante educar-se sobre a história da escravidão, do colonialismo e do racismo, e como ela se desenvolveu através dos eventos e prazos descritos neste livro.

Como o nome deste grupo populacional surgiu na história

Antes de entrarmos em detalhes sobre cada parte, vamos primeiro discutir brevemente como surgiu o nome deste grupo populacional. Durante o período da escravidão, até 1865, os escravos de ascendência africana eram chamados de negros ou negros. Após a abolição da escravidão, a cor foi introduzida como uma alternativa, já que ambas as designações anteriores lembravam o doloroso passado; no entanto, os negros, agora capitalizados, também eram usados por este grupo como uma autodesignação (por exemplo, ainda no discurso de Martin Luther King Eu tenho um sonho, 1963). O movimento de direitos civis, no entanto, também introduziu o termo afro-americanos, a fim de fortalecer seus laços com suas próprias origens, enquanto Malcolm X e o movimento Black Power reintroduziram o nome negro, em última análise mais popular. A designação como afro-americanos surgiu a partir de uma proposta de Jesse Jackson, que queria substituir a categorização baseada na cor da pele por uma designação mais culturalmente carregada.

Uma breve introdução à linha do tempo da história que iremos cobrir neste livro

A parte mais importante da história afro-americana está no início do comércio de escravos nos Estados Unidos, mas antes deste tópico, já existia o comércio transatlântico de escravos que ocorreu entre 1525 e 1867, do qual é importante incluir também esta parte da história para pintar um quadro do que antecedeu o comércio de escravos no que é hoje os Estados Unidos.

Naquela época, os Estados Unidos eram uma colônia de vários países, principalmente da Europa Ocidental. também estava dividida de forma diferente, já que ainda não havia fronteiras terrestres. Também estava dividida de forma diferente, já que não havia fronteiras terrestres para se falar hoje em dia.

1700-1900

Durante os séculos XVIII e início do XIX, os escravos eram transportados em massa da África Ocidental para o sul do que é hoje os Estados Unidos para serem usados como mão-de-obra nas plantações de lá. Eles frequentemente morriam em condições desumanas na viagem aos Estados Unidos (famosa é a rebelião no Amistad em 1839 nas águas ao redor de Cuba, na qual cerca de quarenta escravos africanos se rebelaram e exigiram a viagem de retorno à África, mas foram transportados para os Estados Unidos, provocando um debate acalorado que terminou com seu retorno à África). O tráfico de escravos foi abolido em 1808, mas isto não foi suficiente para as pessoas do Norte, que queriam que a escravidão como instituição fosse totalmente abolida. Havia muitos movimentos trabalhando para isso.

Em 1860, Abraham Lincoln foi eleito presidente dos Estados Unidos. Os sulistas se opunham a este presidente, em parte porque tinham medo de que ele acabasse com a escravidão. Portanto, o Sul declarou sua independência e ficou conhecido doravante como a Confederação. Apesar dos sucessos iniciais, o Sul acabou perdendo e foi forçado a liberar os escravos. No Sul, alguns ainda negam que a Guerra Civil Americana era para abolir a escravidão; eles acreditam que se tratava de defender a autonomia dos estados contra a autoridade federal. Muitos ex-escravos migraram para o Norte, onde, por acaso, as condições não eram muito melhores por causa do ódio racial. Ainda assim, os afro-americanos são de longe os mais concentrados no território da antiga Confederação.

1900-1970

A abolição da escravidão não tornou os afro-americanos iguais; foi criado um sistema para manter brancos e negros separados na sociedade, chamado de segregação. Isto significava que os negros tinham que usar serviços diferentes, muitas vezes inferiores, aos dos brancos. Nos anos 50, o Presidente Dwight D. Eisenhower relutantemente tentou acabar com isso. Por exemplo, forçado pela Suprema Corte, ele abriu várias escolas brancas no Sul para negros, levando a tumultos raciais.

Uma figura chave para os afro-americanos foi Martin Luther King, um líder do movimento dos direitos civis negros. Ele conduziu a marcha para Washington D.C. em 28 de agosto de 1963, onde proferiu seu famoso discurso I Have a Dream. Em 1964, ele recebeu o Prêmio Nobel da Paz. Em 1968, ele foi morto a tiros por James Earl Ray. Em 1983, a terceira segunda-feira de janeiro tornou-se um feriado nacional chamado Dia de Martin Luther King.

1970-2021

Os negros americanos são o único grupo que tem sido sistematicamente discriminado pelo governo e, se alguma coisa, dado nada. Até 1965, os residentes negros dos EUA não eram livres - isto é, quando a segregação racial era apenas removida dos livros de estatuto. Mesmo que a maioria das pessoas na América não seja mais tão abertamente racista como era na época, o racismo está enraizado na história do United Statem. Se não tomarmos a vez de corrigir que isso continuará a afetar o quão prósperas as pessoas se tornam, e como os negros são tratados pela polícia neste momento.

Os Estados Unidos são construídos sobre o racismo. E algumas pessoas querem defender isso. Eles estão impedindo que os negros exerçam seus direitos fundamentais. No início deste ano, pessoas brancas armadas em Michigan ocuparam um prédio do governo em protesto. Imagine se um grupo de pessoas negras tivesse feito isso! Então a situação poderia ter terminado de uma forma terrível.

Graças ao movimento de direitos civis dos anos 60, houve uma legislação que ajudou a avançar o fundo da sociedade. Mas nos anos 80, o Presidente Ronald Reagan começou a cortar nisso. Com o colapso da indústria, o mesmo aconteceu com os empregos de bairros aos quais muitos negros americanos foram condenados. Seguiu-se a incerteza econômica, e ainda por cima veio uma força policial excessivamente grande que combateu a guerra contra as drogas muito mais nos bairros negros do que nos brancos.

As pesadas penas de prisão por delitos menores de drogas tornaram a prisão uma parte da vida nas comunidades negras. Um em cada três homens negros passa tempo na prisão, em comparação com apenas um em cada dezessete homens brancos. Todos esses homens continuam a lutar pelo resto de suas vidas para encontrar um emprego, obter apoio do governo ou até mesmo votar - o que não é mais permitido em muitos estados com registro criminal.

O sistema de justiça criminal é uma nova forma de transformar os negros em cidadãos de segunda classe, a escritora e advogada Michelle Alexander mostrou em seu clássico The New Jim Crow. O progresso que os ativistas liderados por Martin Luther King conseguiram fazer nos anos 60 foi desfeito pelo encarceramento em massa. Neste livro, também abordamos eventos atuais com a história afro-americana como pano de fundo e base.

Esperamos que o livro seja uma experiência educacional que enriqueça sua perspectiva em relação a esta parte crucial da história mundial. Esperamos também contribuir para a importância social de uma sociedade justa. nossa visão é que isto só pode ser melhorado através da educação e da transparência. Somente aprendendo como seu semelhante vivencia sua vida você poderá contribuir conscientemente de forma positiva para um futuro melhor.

Se você gosta deste livro, por favor deixe uma resenha para garantir que mais pessoas o leiam e que possamos espalhar um pouco de consciência!

Tabela de Conteúdos

Isenção de responsabilidade...2

Nossos outros livros 4

Introdução 8

Tabela de Conteúdos..13

Parte 1: A herança africana e o comércio transatlântico de escravos............. 15

Capítulo 1: África pré-colonial..16

Capítulo 2: Uma visão geral do comércio transatlântico de escravos..............20

Capítulo 3: As razões para o comércio transatlântico de escravos.................27

Capítulo 4: A história do tráfico transatlântico de escravos........................31

Capítulo 5: Escravidão durante o comércio transatlântico de escravos...........38

Capítulo 6: A abolição do tráfico transatlântico de escravos........................44

Capítulo 7: As estatísticas do comércio transatlântico de escravos................54

Capítulo 8: A tragédia do Congo belga...60

Parte 2: Escravidão na América s 66

Capítulo 1: Escravatura colonial e pós-colonial......................................67

Capítulo 2: Escravos em um novo mundo..71

Capítulo 3: Os Estados Unidos...75

Capítulo 4: John Brown...79

Capítulo 5: A Guerra Civil 82

Parte 3: Sociedade pós-escravidão e segregação.................................100

Capítulo 1: A segregação pós-guerra 101

Capítulo 2: O Ku Klux Klan 109

Capítulo 3: Martin Luther King Jr...115

Capítulo 4: Poder negro..119

Capítulo 5: Jesse Jackson...121

Capítulo 6: N.A.A.C.P....123

Capítulo 8: Harlem Renaissance..127

Capítulo 9: Malcolm X...131

Parte 4: Tempos atuais e racismo (institucional) **137**

Capítulo 1: Racismo institucional 138

Capítulo 2: Matéria de vidas negras 148

Capítulo 3: A morte de Trayvon Martin......................................151

Capítulo 4: A morte de George Floyd 152

A linha do tempo da história afro-americana **156**

Século ^{II} *AD-1789: Do velho mundo ao novo* 157

1790–1863: A escravidão dos africanos....................................161

1864–1916: Reconstrução e o início da grande Migração.........168

1917-37: A Era do Jazz e a Renascença do Harlem 175

1938-59: O início do Movimento pelos Direitos Civis 181

1960–69: O movimento dos direitos civis e o poder negro 188

1970–89: Mudanças revolucionárias 194

1990-presente: Os anos do Milênio...199

Nossos Livros **207**

Parte 1: A herança africana e o comércio transatlântico de escravos

Capítulo 1: África pré-colonial

Para a maioria das pessoas que mergulham neste assunto, a história da África começa a partir do século XVII (1600 d.C.), quando as então potências européias realizaram os primeiros carregamentos transatlânticos de escravos.

Apenas para discutir brevemente um grande período de tempo, entre 200 000 e 100 000 anos atrás, os seres humanos modernos começaram a evoluir em toda a África - incluindo a África do Sul. Eles se tornaram os San, que mais tarde conheceram os nômades Khoi migrantes do norte para o sul, e tornaram-se coletivamente conhecidos como os Khoisan.

Os Khoisan entraram no Cabo Ocidental aproximadamente na mesma época (300 d.C.) em que grupos do início da Idade do Ferro atravessaram o Limpopo, cujos descendentes, cerca de 1.000 anos depois, formaram o Reino Africano de Mapungubwe e estabeleceram relações comerciais com a China, Índia e Arábia.

O Egito teve contatos iniciais nas profundezas do interior da África. Por exemplo, Kush era uma parte do Egito e expedições regulares partiam para o Corno da África, para Poente. Durante o instável terceiro interregno do Egito, os kushitas começaram a se separar dos faraós egípcios e estabeleceram o estado autônomo de Kush, com as cidades de Napata (aos pés da montanha sagrada Djebel Barkal) e Meroe como os principais centros de poder. A cultura kusíaca foi fortemente influenciada pela cultura egípcia. Assim, também aqui foram construídas pirâmides. Entretanto, estas tumbas tinham apenas cerca de dez metros de altura e eram muito mais íngremes do que as pirâmides egípcias.

Piye, rei de Kush (Núbia) conquistou todo o Egito por volta de 740 a.C. e fundou a 25ª dinastia do Egito, o período dos faraós negros. Com a ajuda dos assírios, Psammetichus I foi capaz de reconquistar o Egito. Ele ganhou o controle de todo o país em 656 a.C. .

De acordo com a tradição, o reino da Etiópia foi fundado em 980 AC por Menelik I, o filho de Salomão e a Rainha de Sabá.

Pensa-se que os ancestrais dos povos bantu começaram a penetrar na floresta tropical da África Central por volta de 1000 a.C., provavelmente ao longo dos grandes rios. De lá eles teriam chegado às proximidades do Lago Vitória, que se tornaria um centro secundário do qual se espalhariam por grande parte da África Oriental nos primeiros séculos de nossa era.

Por volta do início da era, toda a costa norte da África fazia parte do Império Romano. Foi assim também que o continente ganhou seu nome: África era o nome latino para a região de terra ao redor da atual Tunísia. O norte da África era uma das áreas líderes em termos de cultura.

Com o advento do cristianismo, toda esta área inicialmente se tornou cristã. Embora o fechamento do templo Isis em Elefantine não tenha sido bem recebido por seus vizinhos do sul, a nova fé logo penetrou também em Núbia. Mais tarde, ela se espalharia também pela Etiópia. Com o advento do Islã, Núbia continuou a aderir à fé copta por muito tempo (até o século 16), e o mesmo se aplica à Etiópia até os dias de hoje.

Nos séculos V e VI, o grande império ganense e Kanem-Bornu surgiu na África Ocidental, invadido por seus vizinhos do norte no século XI. Em 1230, a capital de Gana caiu. Do século XIII a meados do século XVI, os grandes impérios islâmicos de Songhai e Mali (capital Timbuktu) surgiram depois ao sul do Saara. Meca foi construída em grande parte a partir de dinheiro proveniente destes reinos florescentes. Durante o mesmo período, a cultura da Idade do Ferro do Grande Zimbábue floresceu no sul da África. Esta cultura, segundo os artefatos encontrados nos fortes, tinha relações comerciais com a China e outros.

Em contraste com os países mediterrâneos, a escravidão estava praticamente ausente da República da Holanda, Inglaterra e França na Idade Média tardia e no início da Era Moderna. Era impensável neste período que grandes grupos de escravos fossem vendidos em Amsterdã, Londres ou Nantes, como aconteceu em Lisboa e Cádiz. Mas embora a liberdade fosse um conceito importante na República e o abuso dos índios fosse usado como propaganda pelos espanhóis, os holandeses, assim como os ingleses e franceses, não viam nenhum problema no comércio de escravos fora da Europa e na sua utilização em plantações.

Na República Romana e com os gregos, qualquer um podia cair na escravidão, o que era visto como uma questão de infortúnio. Sob a influência do cristianismo, a escravidão inicialmente desapareceu na Europa Ocidental. O tráfico de escravos era considerado imoral e ia contra os valores cristãos.

Isto mudou com o comércio transatlântico de escravos. Aqui, a justificação foi buscada na Bíblia, entre outros lugares, onde em Gênesis 9 os descendentes de Cham - Martinho Lutero argumentou que Cham era o progenitor de todas as pessoas de cor - são amaldiçoados à escravidão. A forma de desconexão moral mais tarde mudou ao retratar as vítimas como inferiores e bárbaras, contribuindo assim significativamente para o desenvolvimento do racismo.

O século XV

O arredondamento do Cabo Bojador em 1434 pelos portugueses pode ser considerado o início das viagens européias de descoberta. Em 1441 Antão Gonçalves comprou o primeiro escravo negro africano e no ano seguinte comprou mais dez. Eles foram chamados de "azenegue". Em 1445, Nuno Tristão fundou a primeira fábrica, Feitorias, na ilha de Arguin. Com a morte de Henrique, o Navegador, em 1460, eles haviam explorado a costa da África Ocidental até o Cabo Palmas, o início do Golfo da Guiné.

Em 1469, o rei Alfons V de Portugal concedeu o monopólio do Golfo da Guiné a Fernão Gomes, comerciante de Lisboa, a uma renda anual de 200.000 réis. O contrato estipulava ainda que Gomes deveria continuar os descobrimentos e navegar até cem léguas (150 milhas) ao longo da costa. Durante este período, foram descobertas as minas de ouro de Elmina, o que se tornou uma força motriz para novas buscas.

Durante o reinado do Rei Johan II de Portugal (1481-1495), Diogo Cao descobriu a foz do rio Congo e arredondou Bartolomeu Dias, Cabo da Boa Esperança. Durante este período, as ilhas de São Tomé e Príncipe foram povoadas.

Vasco da Gama foi o primeiro europeu a velejar pela África (1497-1498). Durante a viagem histórica em 1500 sob Pedro Álvares Cabral, não só o Brasil foi descoberto, mas também Madagascar.

Este século também marca o início do comércio transatlântico de escravos. Embora o tráfico de escravos já estivesse presente na África, e durante séculos havia trabalho forçado vendido para os países vizinhos, especialmente no Oriente Médio. Foi nesta época que a Europa colonizou grandes partes da África em cima da hora por mão-de-obra barata e roubo de recursos.

Esta parte da história sobre os detalhes do comércio transatlântico de escravos será discutida mais detalhadamente no próximo capítulo.

Capítulo 2: Uma visão geral do comércio transatlântico de escravos

O comércio transatlântico de escravos era o comércio de escravos da África para as Américas, conduzido por europeus. Foi a passagem intermediária do comércio triangular e ocorreu entre 1525 e 1867, atingindo o auge no século XVIII e na primeira metade do século XIX. Estima-se que 12 milhões de escravos foram transportados.

O comércio transatlântico de escravos era o comércio de escravos da África para as Américas, conduzido por europeus. Foi a passagem intermediária do comércio triangular e ocorreu entre 1525 e 1867, atingindo o auge no século XVIII e na primeira metade do século XIX. Estima-se que 12 milhões de escravos foram transportados.

O comércio transatlântico de escravos trouxe principalmente negros africanos para as Américas do Norte e do Sul. Na África, os escravos eram oferecidos por líderes negros locais que, entre outras coisas, os escravizavam em várias guerras. Em vez de fazer esses escravos trabalharem eles mesmos até a morte, matando-os cerimoniosamente ou vendendo-os a comerciantes árabes como antes, revelou-se mais lucrativo vendê-los aos europeus.

Assim, de Elmina em Gana, 2.000 escravos por ano foram enviados para as Américas. Lá eles eram empregados em plantações. Embora o comércio de escravos na África existisse antes que os europeus interviessem nele, a escala na qual ele ocorreu depois disso foi consideravelmente maior. Embora os números anteriores não fossem insignificantes, o impacto demográfico era limitado, e as sociedades não mudaram significativamente.

Isto mudou com o tráfico de escravos do Atlântico. Politicamente, a influência também foi grande. Ela desencadeou uma militarização das sociedades africanas que levou à formação de estados em que estados agressivos como Ashanti e Dahomey estavam em vantagem, enquanto povos como os iorubás, Benin e os muçulmanos acabaram entrando em declínio. Economicamente estimulou soluções de curto prazo, enquanto socialmente levou à divisão, onde se sabe até hoje que os antepassados eram caçadores de escravos.

Uma breve história de Ashanti

Em 1482, os portugueses construíram a fortaleza de Elmina na costa, originalmente por causa da mineração de ouro lá. Este foi o início dos contatos coloniais, que no início envolviam principalmente o comércio do ouro. Gana Osei Tutu governou entre 1680 e 1717. Desde a captura da fortaleza de Elmina dos portugueses em 1637, os comerciantes holandeses da Companhia das Índias Ocidentais eram um importante parceiro comercial dos Ashanti, que forneciam escravos para o comércio triangular. Em troca, os Ashanti tiveram acesso a armas de fogo, o que levou a um estreitamento das relações políticas e sociais internas. Em 1740, este comércio havia deslocado o comércio de ouro e marfim do primeiro lugar.

Uma breve história de Dahomey

Os habitantes do reino pertenciam ao grupo étnico do Fon. Estes nao eram muito populares entre os povos vizinhos por causa das constantes guerras para a obtenção de escravos. A cada poucos anos uma nova guerra era aberta para obter novos escravos, que às vezes eram colocados para trabalhar no próprio reino, e às vezes vendidos para comerciantes de escravos europeus. Para melhor controlar o tráfico de escravos, os reinos de Allada e Savi foram ocupados em 1724 e 1727. Estes ficaram entre o reino e o mar e dificultaram o comércio direto com os europeus.

O tráfico transatlântico de escravos

O tráfico de escravos do Atlântico não surgiu do nada. Durante séculos houve comércio de escravos na África, os africanos venderam prisioneiros de guerra capturados a comerciantes africanos e árabes. Durante os séculos XV e XVI, a necessidade de trabalho forçado cresceu na Europa, especialmente nas colônias então recém-ocupadas. No final do século XV e no século XVI, vários milhares de escravos eram transportados da África a cada ano.

A necessidade de mão-de-obra nas plantações de açúcar e tabaco nas novas colônias das Américas e a escassez de mão-de-obra livre da Europa impulsionaram o comércio transatlântico de escravos cada vez mais alto. Em meados do século XVII - quando o cultivo de açúcar estava bem desenvolvido no Caribe - o comércio de escravos explodiu. Em 1700, cinqüenta mil escravos estavam sendo transportados a cada ano. A receita trouxe maior prosperidade para a Europa e uma maneira de equilibrar melhor a balança comercial com a Ásia. Com o desenvolvimento do sistema atlântico, ele contribuiu muito para a

expansão européia e, portanto, para o desenvolvimento do capitalismo.

(uma ilustração histórica que retrata o seqüestro de escravos)

No entanto, isto foi acompanhado de grandes tragédias humanas. Ao longo dos séculos, os caçadores de escravos escravizaram dezenas de milhões de pessoas, muitas das quais fizeram a viagem transatlântica para as Américas do Norte e do Sul e para o Caribe. Muitos morreram antes que pudessem ser vendidos para transporte; estima-se que entre onze e quatorze milhões de escravos foram enviados para o Ocidente durante esta diáspora. Em média, cerca de 15% dos escravos morreram durante a viagem.

Nas sociedades da África, o comércio transatlântico de escravos teve um efeito perturbador, pelo qual se sabe até hoje quais os antepassados que eram caçadores de escravos. O comércio de escravos não só representou uma drenagem significativa da população na África, mas também mudou drasticamente as sociedades de lá, promovendo a militarização das sociedades africanas e a escravidão na própria África. Além disso, a escravidão contribuiu para o reforço do racismo ao buscar uma justificativa para a escravidão que anteriormente tinha sido retratada como imoral pelo cristianismo.

O estudo do comércio transatlântico de escravos teve seu próprio desenvolvimento. As primeiras obras são as dos abolicionistas britânicos que enfatizaram a natureza cruel do comércio a fim de obter apoio para a abolição do tráfico de escravos. Além desta abordagem moral, várias perspectivas foram acrescentadas desde então. Por exemplo, o comércio transatlântico de escravos também é examinado do lado empresarial, seu impacto sobre o capitalismo, o imperialismo europeu, a criação de um mundo atlântico, suas conseqüências sociais e culturais, o papel desempenhado pelos caçadores de escravos africanos, e a fonte do racismo no Novo Mundo.

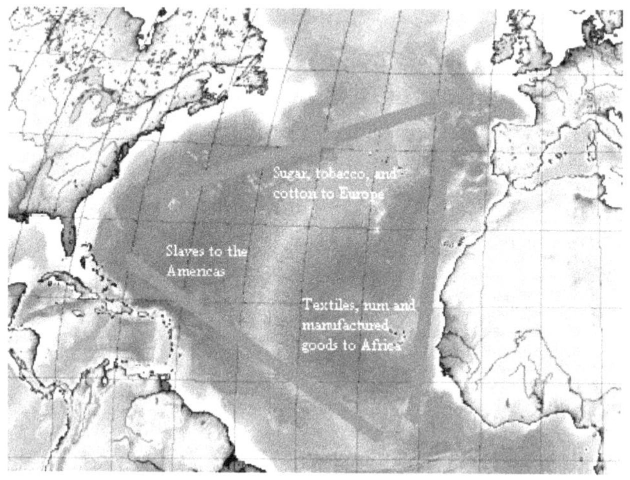

(Comércio triangular Transatlântico)

O comércio triangular ou navegação triangular era o comércio entre a Europa, a América e a África. Os navios partiam da Europa Ocidental, tendo como produtos comerciais principalmente armas de fogo, pólvora, ferro e têxteis. Estes eram trocados por escravos, ouro e marfim na África Ocidental com governantes locais e comerciantes de escravos africanos e árabes.

Da África Ocidental, navios carregando escravos partiram então pela Passagem do Meio para a América do Norte ou o Caribe. As condições dos escravos durante a viagem eram miseráveis e muitos morreram. Os escravos foram vendidos na América como trabalhadores de plantações. Navios deixaram a América do Norte e o Caribe para a Europa Ocidental carregando mercadorias de luxo como açúcar, rum, café, algodão, prata e tabaco.

(The Flag of the West India Company)

O comércio foi conduzido pela Companhia Holandesa das Índias Ocidentais, entre outros. O comércio entre a Holanda e o mundo atlântico surgiu através da grande ofensiva da Companhia das Índias Ocidentais contra as superpotências ibéricas, o poder português no Atlântico Sul e contra o Caribe espanhol.

Depois de obter o monopólio do comércio do Atlântico, a West India Company tornou-se o principal comerciante da Costa de Ouro, onde a empresa operava a partir de Fort Nassau, em Gana. Além disso, o forte foi utilizado para o comércio de grãos do paraíso e marfim. Ao norte da Costa de Ouro, a Companhia das Índias Ocidentais comercializava no Senegal, na Gâmbia e em Serra Leoa. Elmina ainda era propriedade dos portugueses.

No próximo capítulo, mergulharemos mais profundamente no porquê da criação do comércio transatlântico de escravos. Quais foram as condições e motivações por trás desta parte horrível da história.

(uma pintura holandesa de navios desse período envolvida em batalha)

Capítulo 3: As razões para o comércio transatlântico de escravos

O clima na Europa era menos adequado para o cultivo de uma série de culturas. A África tropical e subtropical era mais satisfatória por este motivo, mas o interior, com suas florestas tropicais e parasitas, foi durante muito tempo difícil de atravessar, enquanto rios como o Congo e o Níger eram difíceis ou impossíveis de navegar por embarcações oceânicas. Nas margens do deserto, onde a agricultura era possível, já estavam presentes estados que eram fortes demais para colonizar. Uma boa alternativa eram inicialmente as ilhas atlânticas e mais tarde o Novo Mundo. Os astecas e os incas eram as civilizações mais importantes aqui. O coração das primeiras estava no México, mas sua influência cultural chegou até o Rio Mississippi. O império dos Incas estendia-se do sul da Colômbia ao norte do Chile e da Argentina. Nestas partes bem organizadas das Américas, os espanhóis foram capazes de assumir rapidamente a autoridade. Nas áreas além, onde não havia um governo central, este foi um processo muito mais difícil. Foi o caso dos maias em Yucatán, mas também no Brasil e na América do Norte.

(Povos indígenas e colonos na América do Norte)

Antes da mecanização em larga escala da Revolução Industrial, as pessoas dependiam principalmente do trabalho humano. No entanto, não era um dado adquirido que se tratava de escravos e que esses escravos viriam da África. Inicialmente, a mão-de-obra era proveniente da população local. Na área dos astecas e dos incas, eles podiam usar o sistema existente para recrutar um grande número de trabalhadores e não havia necessidade de mudar para a escravidão. Isto também não estaria de acordo com o desejo de cristianizar esta população. Os portugueses tentaram inicialmente fazer uso da população local, mas tinham pouca experiência com a agricultura e, com a falta de uma autoridade central, eles se mostraram incapazes de empregar força de trabalho suficiente. Além disso, a população em suas áreas designadas era muito pequena para apoiar a economia da plantação.

Somado a isto foi o fato de que a população local não estava familiarizada com uma série de doenças que tiveram um efeito muito devastador. No Velho Mundo, estas tinham sido transmitidas principalmente através do contato com animais domesticados do rebanho. Lá, também, isto havia feito muitas vítimas, mas um certo grau de imunidade havia sido acumulado ao longo dos séculos. Os Estados Unidos agora tinham que lidar com toda uma série dessas doenças em um curto período de tempo, com a população tendo também uma variação genética menor. Pelo menos 50% e possivelmente 90% da população local perdeu a vida entre 1492 e 1650, tornando este o maior desastre populacional da história com as epidemias do século XIV na Eurásia.

Da Europa, era difícil conseguir mão-de-obra para o Novo Mundo, que tinha várias causas. Primeiro, enquanto o crescimento econômico era baixo, a menos de 0,25% ao ano pelos padrões atuais, era consideravelmente mais alto do que nos períodos anteriores. Isto significava que na própria Europa havia uma grande demanda de mão-de-obra, cuja oferta ainda era relativamente baixa devido à grande fome e à Peste Negra do século XIV. Certamente, Portugal, com menos de um milhão de habitantes, mal podia administrar seu império, e muito menos fornecer mão-de-obra suficiente. Embora a Espanha tivesse uma população de mais de sete milhões de habitantes, tinha um império europeu para defender, o que exigia cada vez mais soldados. Portanto, apesar da presença de metais preciosos, as oportunidades na Europa e os perigos do Novo Mundo tornavam pouco atrativo para a população pobre se afastar. Quando havia uma oferta insuficiente de mão-de-obra gratuita, eles se voltaram para a escravidão.

Enquanto o trabalho fosse mais escasso que a terra, isto incentivava a escravidão e a servidão. Este foi o caso durante a Alta Idade Média na Europa. Os escravos seriam os mais baratos da Europa, o que já havia sido o caso com os povos eslavos. Estes eram utilizados por Veneza em Creta e Chipre, entre outros, para explorar plantações de cana-de-açúcar utilizando técnicas adotadas a partir da Síria. Entretanto, a ascensão do Império Otomano bloqueou os recursos eslavos.

Na Europa Ocidental, a escravidão desapareceu em grande parte durante a Idade Média, em parte devido à cristianização e a causas econômicas. Em torno do Mediterrâneo, este não foi o caso. Na verdade, com as conquistas árabes, houve um aumento do comércio de escravos aqui. No resto da África, também, a mão-de-obra era escassa e a riqueza era medida pelo número de pessoas que a possuíam. O comércio de escravos na África ocorreu, portanto, pelo menos mil anos antes de os europeus se envolverem. Até então, no entanto, era modesto em escala.

As pessoas quase nunca escravizaram membros de sua própria sociedade e, na Europa, a maioria dos Estados era muito poderosa para poder obter escravos em grande escala. Este não era o caso na África, onde certos povos podiam mais facilmente dominar e escravizar outras sociedades. Os europeus, portanto, aderiram a uma rede de comércio de escravos árabes que já existia há pelo menos seis séculos. Os escravos eram fornecidos por comerciantes africanos e árabes e trazidos para as Américas pelos europeus. Os altos custos de aquisição dos escravos, a passagem e a supressão das rebeliões foram inicialmente financiados pela primeira fonte de renda do Novo Mundo, as minas de ouro e prata. Numa etapa posterior, a renda das plantações também foi utilizada para este fim.

(Colonização das Américas pela Grã-Bretanha)

Capítulo 4: A história do tráfico transatlântico de escravos

Em 1415, como uma extensão da Reconquista, os portugueses conquistaram a rica Ceuta. Este foi o fim das caravanas comerciais da África Ocidental, e após a conquista esta fonte secou, e eles mesmos decidiram assumir o comércio. O comércio de escravos começou em 1444, mas inicialmente era secundário em relação à sua principal mercadoria da África, o ouro.

Os escravos eram utilizados em Portugal para tarefas domésticas, e nas cidades portuárias do sul de Portugal eles acabavam por representar até 15% da população total. Em outras cidades portuárias portuguesas e espanholas, eles podiam chegar a 10%. Além disso, os portugueses participavam do comércio ao longo da costa africana para financiar o ouro. Esta situação mudou quando os portugueses começaram a operar plantações de cana-de-açúcar na Madeira em 1455. Isto mudou a necessidade de escravos que agora estavam empregados nestas plantações. Inicialmente, estes escravos eram obtidos principalmente da Senegâmbia e da Costa do Ouro.

Isto mudou quando as plantações de açúcar também foram exploradas em São Tomé e Príncipe e os portugueses firmaram uma aliança com o Reino do Congo. As sociedades encontradas na África provaram ser muito poderosas para colonizar, portanto a busca de mais terras para plantações de açúcar foi uma das forças motrizes para procurar ilhas cada vez mais ocidentais.

No Novo Mundo, o sistema de plantação foi copiado das ilhas atlânticas, mas em uma escala muito maior. Assim, no Novo Mundo, surgiu uma economia de plantação com proprietários europeus ricos da indústria açucareira à frente, que possuíam muitos escravos e campos de açúcar. Entre eles estavam os plantadores que não podiam pagar um engenho de açúcar. Os camponeses pobres, como na Europa, eram praticamente inexistentes. Para este grupo havia apenas cargos administrativos e empregos específicos nos engenhos de açúcar.

A maioria da população era composta pelos escravos que faziam o trabalho pesado. Inicialmente, os escravos aculturados e cristianizados (negros ladinos) da Península Ibérica foram utilizados aqui, mas logo foram trazidos diretamente da África (negros bocales). Ferdinando II de Aragão autorizou Bartolomeo Marchionni a transportar os primeiros escravos da África para as Américas (Santo Domingo) em 1510. O Imperador Carlos V concedeu uma licença a Laurent de Gorrevod em 1518 para a transferência livre de impostos de 4.000 escravos africanos para seus bens americanos. A casa bancária Welser recebeu a próxima licença principal em 1528. A Espanha não pôde estabelecer assentamentos na própria África devido ao Tratado de Tordesilhas de 1494, portanto, concedeu a Portugal um asiento exclusivo em 1595.

Brasil

Em 1500, o Brasil foi descoberto por Portugal e, de acordo com o Tratado de Tordesilhas, a área chegou até eles também. As riquezas trazidas pelo comércio com as Ilhas das Especiarias e a Índia fizeram com que a colonização do Brasil não fosse uma prioridade durante as primeiras décadas. Isto mudou quando os franceses e ingleses começaram a se estabelecer na área. Portugal então iniciou a colonização e para financiá-la usaram o método experimentado e verdadeiro das plantações de açúcar. Os primeiros chegaram por volta de 1550 e logo a produtividade aqui era maior do que nas ilhas atlânticas. A partir de 1560 houve um contínuo comércio de escravos no Brasil.

Em troca de apoio, Álvaro I do Congo deu aos portugueses o direito de se estabelecerem ao sul de seu reino. Luanda foi fundada lá em 1576 e, a partir de então, a maioria dos escravos embarcados para as Américas viriam de Angola.

Enquanto os portugueses forneciam os escravos, o transporte de açúcar para a Europa estava nas mãos dos holandeses. Antuérpia tornou-se assim o centro do mercado europeu do açúcar. Isto mudou durante a Guerra dos Oitenta Anos, quando os holandeses se depararam com os espanhóis. Isto não afetou diretamente as relações com Portugal, mas em 1580 Portugal foi anexado à Espanha após a Batalha de Alcântara. A guerra com a Espanha e Portugal também privou os Países Baixos do lucrativo comércio de especiarias. Isto foi um incentivo para expandir a navegação além da Europa, e um século depois dos portugueses, os holandeses encontraram a rota para a Ásia.

(navios portugueses chegando ao Brasil)

Como resultado, eles logo entraram em conflito com os portugueses. Como resultado, uma Guerra Luso-Holandesa de fato foi travada como uma extensão global da Guerra dos Oitenta Anos. Na luta contra os espanhóis e os portugueses, o corsário foi usado no início. Esta foi a principal fonte de renda da Companhia das Índias Ocidentais (WIC) logo após sua fundação em 1621. Então a WIC desenvolveu o Groot Desseyn, um grande plano no qual o comércio português de açúcar do Brasil seria minado ao assumir o comércio de escravos.

Com a captura da Frota da Prata em 1628, fundos suficientes estavam disponíveis. Entre 1630 e 1634 Recife com uma grande parte da costa brasileira foi conquistada, este se tornou o Brasil holandês. Em 1637 foi conquistada a ilha de Elmina, perto da Costa do Ouro, o maior reduto português de comércio de escravos. Durante os séculos seguintes, esta fortaleza seria um dos centros do tráfico de escravos do WIC. Em 1641 Luanda também foi conquistada aos portugueses. Em 1700, o WIC possuía cerca de uma dúzia de fortalezas na costa oeste africana.

Depois disso, o tráfico de escravos holandeses começou a assumir grandes proporções. Para manter a produção de açúcar, muitos proprietários de plantios portugueses conseguiram manter suas plantações. Do Brasil holandês, entretanto, muitas técnicas foram transferidas para o resto das Américas, pondo fim ao monopólio brasileiro do açúcar.

Isso abriu caminho para o estabelecimento de colônias francesas e inglesas nas Américas. A partir de 1640, o comércio de escravos com o Brasil começou a ruir e o comércio foi deslocado para as colônias espanholas nas Américas. Inicialmente, os comerciantes holandeses transportaram escravos para Buenos Aires e Rio de la Plata no que hoje é a Argentina; mais tarde, o Caribe também se tornou um alvo do comércio de escravos.

Em 1654, o Brasil foi reconquistado por Portugal, após o que o cultivo da cana de açúcar foi transferido para o Caribe, fazendo com que o Brasil perdesse seu monopólio e começasse um declínio econômico. Isto teve seu efeito sobre o número de escravos trazidos ao Brasil até a descoberta do ouro em Minas Gerais, em 1695. Isto aumentou muito o comércio de escravos.

Caribe

Após a reconquista portuguesa do Brasil, Curaçao, capturada em 1634, tornou-se o ponto de coleta holandês para escravos. Após a conquista inglesa da Jamaica em 1655, tornou-se um importante mercado de trânsito de escravos para as colônias espanholas. No início, o Caribe era o lar da maioria das plantações de tabaco, mas mais tarde as plantações de açúcar tornaram-se de tamanho semelhante às do Brasil.

A partir de 1641, o açúcar foi exportado daqui para a Europa. Novos compradores foram encontrados nos idiomas inglês e francês que cultivavam tabaco nas ilhas que conquistaram no Caribe e na Virgínia. Até cerca de 1660, os franceses e ingleses dependiam dos holandeses para desenvolver e abastecer estas colônias com escravos, mas conforme seu papel na Ásia crescia, também crescia seu papel no comércio de escravos. As guerras inglesas em que os franceses ajudaram os ingleses acabaram com a hegemonia holandesa e, no final do século XVII, os ingleses e franceses tinham uma participação significativa no comércio de escravos do Atlântico.

Os ingleses estavam envolvidos no tráfico de escravos desde 1562, com John Hawkins desempenhando um papel pioneiro. Desde 1672, a Royal African Company tinha o monopólio do comércio de escravos, mas o perdeu em 1698. Então, no século XVIII, o comércio de escravos aumentou enormemente. Houve anos em que mais de cem mil escravos foram transportados. Entretanto, a França e a Inglaterra assumiram a posição da República, como fizeram com o outro comércio. Os franceses usaram Saint-Domingue em particular para este fim, que obtiveram em 1697 com o Tratado de Rijswijk.

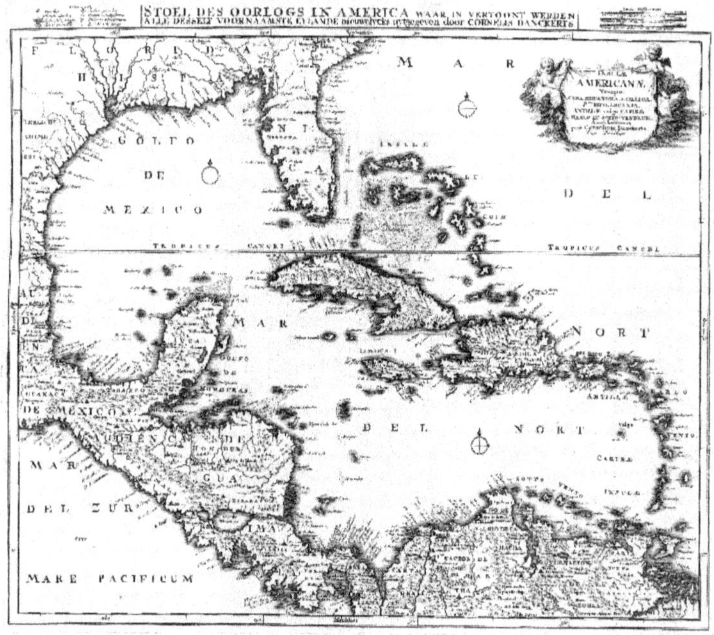

(um mapa do Caribe durante esse período de tempo)

América do Norte

As colônias inglesas na América do Norte eram desde pouco depois de seu início um destino para os escravos africanos, além dos índios que os próprios colonizadores escravizaram.

A colônia de Jamestown na Virgínia, fundada em 1607, comprou o primeiro carregamento de escravos negros em 1619. Eram cerca de vinte pessoas trazidas pelo Leão Branco, um corsário de Flushing que havia interceptado o navio escravo português São João Bautista, mas agora precisava desesperadamente de alimentos. A troca resultante é considerada o início da escravidão negra nos Estados Unidos, que duraria até 1865. A partir dos anos 1680, o comércio de escravos da África realmente começou a decolar e a economia da plantação decolou.

(o estabelecimento du nova Amstcrdã na América do Norte)

Capítulo 5: Escravidão durante o comércio transatlântico de escravos

A escravidão existia em várias formas e graus, nos quais a autodeterminação era limitada a um grau maior ou menor. Inicialmente, uma grande parte da população das colônias americanas consistia de trabalhadores contratados, na maioria europeus, mas também africanos. Nisto, eles mantinham um direito de autodeterminação em algum grau e normalmente recuperavam a liberdade após algum tempo. Para os africanos, a servidão por dívidas poderia ser uma das razões para ter que fazer a travessia do Atlântico. Entretanto, enquanto mesmo com a escravidão por dívidas ainda é possível algum grau de autodeterminação, e pode-se comprar a liberdade novamente, com a escravidão transatlântica a desumanização foi ainda mais implementada. Este foi um

caso de escravidão tagarela, onde o proprietário tinha um poder quase ilimitado.

(o afogamento de escravos durante este período)

Rebeliões de escravos

As rebeliões de escravos ocorreram tanto na África, durante a viagem, como nas Américas. Provavelmente, cerca de 10% das viagens envolveram rebeliões. As rebeliões foram especialmente altas nas viagens da Alta Guiné (Senegâmbia, Serra Leoa e Costa do Marfim), de modo que os residentes desta costa constituíram uma porção relativamente pequena do número total de escravos.

No Novo Mundo houve muitas rebeliões, como a rebelião dos escravos Berbice em 1763 e a rebelião dos escravos Curaçao de 1795 liderada por Tula. No entanto, em geral, estas foram derrubadas. Somente a Revolução Haitiana de 1791 a 1804 conseguiu expulsar os proprietários de escravos. Além disso, muitos escravos fugiram e depois se organizaram em comunidades Maroon.

Os efeitos da escravidão

Embora o comércio de escravos na África existisse antes que os europeus interviessem nele, a escala na qual ele ocorreu depois disso foi consideravelmente maior.

Embora os números anteriores não fossem desprezíveis, o impacto demográfico era limitado e as sociedades não mudaram significativamente. Isto mudou com o tráfico de escravos do Atlântico. Politicamente, a influência também foi grande. Ela desencadeou uma militarização das sociedades africanas que levou à formação de estados em que estados agressivos como Ashanti e Dahomey estavam em vantagem, enquanto povos como os iorubás, Benin e os muçulmanos acabaram entrando em declínio. Economicamente, ela incentivou soluções de curto prazo, enquanto socialmente levou à divisão, onde até hoje se sabe quais eram os antepassados que eram caçadores de escravos.

O comércio de escravos no Atlântico também teve o efeito de aumentar o comércio interno de escravos na África, a ponto de haver estimativas de que no auge do comércio de escravos pode ter havido tantos escravos na África quanto nas Américas. Com o declínio do comércio transatlântico de escravos, os escravos na África se tornaram mais baratos e o número realmente aumentou até que houvesse mais escravos na África do que nas Américas.

Nas Américas, os escravos substituíram os locais que sucumbiram a doenças desconhecidas para eles. Até o século XIX, o Brasil tinha a maior população de escravos, após o que esta posição foi assumida pelos Estados Unidos.

Primeiro, o historiador Williams trouxe à tona como o comércio de escravos e a escravidão haviam contribuído para a prosperidade e expansão européia. No capitalismo e na escravidão de 1944, ele argumentou que a escravidão havia contribuído significativamente para o capitalismo inicial e financiado a Revolução Industrial. Posteriormente, essa mesma revolução e o capitalismo industrial resultante tornaram a escravidão obsoleta.

Williams também contrariou a noção então prevalecente de que o abolicionismo se originava principalmente de preocupações humanitárias. Por exemplo, ele argumentou que se Pitt tivesse tido sucesso na conquista de Saint-Domingue, teria abandonado o abolicionismo, já que Saint-Domingue - onde 40.000 escravos tinham que ser trazidos a cada ano para manter as plantações de cana de açúcar funcionando - não teria nenhum valor sem escravos. Aqui ele formulou o que ficaria conhecido como a tese Williams, a necessidade econômica da escravidão para tornar possível a revolução industrial, que tornaria então a escravidão não lucrativa:

O capitalismo comercial do século XVIII desenvolveu a riqueza da Europa por meio da escravidão e do monopólio. Mas ao fazê-lo, ajudou a criar o capitalismo industrial do século XIX, que deu a volta e destruiu o poder do capitalismo comercial, da escravidão e de todas as suas obras. Sem uma compreensão dessas mudanças econômicas, a história do período não tem sentido.

Esta tese de Williams tornou-se desde então objeto de muito debate, mas parece haver fortes indícios de que a tese pode não se sustentar em sua totalidade, mas pelo menos em aspectos importantes. Tem sido argumentado contra a tese de que a importância econômica e a rentabilidade do comércio de escravos era mínima para a Europa.

Entretanto, isto deixa de lado o fato de que a escravidão foi muito importante para tornar possível a colonização das Américas e, assim, desencadear um desenvolvimento da expansão européia, juntamente com o desenvolvimento de novos instrumentos financeiros.

Foi também Williams quem argumentou que o racismo se originava principalmente da escravidão através da necessidade de justificação e da desumanização que a precedeu.

A moralidade da escravidão nesse período de tempo

Os casos acima fazem parecer como se apenas considerações comerciais estivessem em jogo aqui. No entanto, houve a percepção de que se estava indo contra os valores e normas humanas aqui.

Motivos como a busca do lucro e o enfraquecimento do inimigo, no entanto, empurraram essa consciência para segundo plano. Por exemplo, a Igreja Católica Romana inicialmente desencorajou a escravidão, mas com o Romanus Pontifex de 1455, autorizou a escravidão de não-cristãos como uma atividade missionária.

O tratamento dos índios no Novo Mundo criou vozes críticas na Espanha, especialmente através do trabalho do padre Las Casas, que foi apoiado pelos influentes Cisneros.

Las Casas se opôs particularmente ao sistema de encomienda e desempenhou um papel importante na criação das Novas Leis, Las Nuevas Leyes de las Indias. Em 1542, isto freou a exploração dos índios, embora não pudesse eliminar completamente os costumes. Tampouco poderia impedir a extração em grande escala de escravos da África.

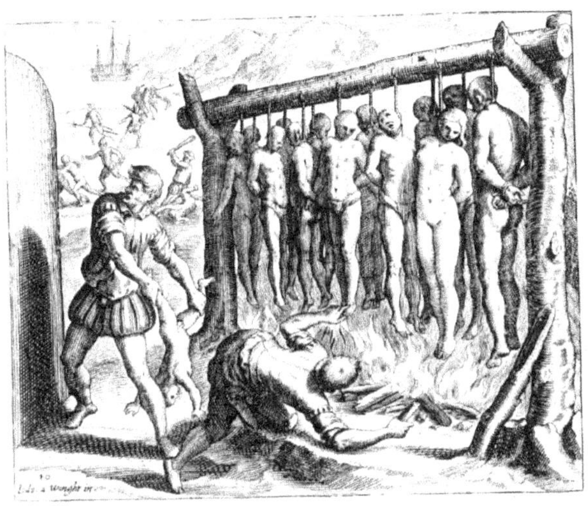

(O desenho de "The Brevísima relación de 1552" do padre Las Casas)

Capítulo 6: A abolição do tráfico transatlântico de escravos

A oposição à escravidão cresceu ao longo dos séculos e o abolicionismo tornou-se um grande movimento, especialmente na Inglaterra. Os Quakers foram os primeiros a se oporem à escravidão porque se dizia que ela não era cristã. Sob a influência do Iluminismo e da idéia dos direitos humanos, o movimento se expandiu.

Alexander Falconbridge navegou como médico em várias viagens e se tornou abolicionista lá.

Sua Conta do Comércio de Escravos na Costa da África a partir de 1788 se tornaria uma influência importante no abolicionismo:

Durante as viagens que fiz, fui freqüentemente testemunha dos efeitos fatais desta exclusão do ar fresco. Vou dar um exemplo, pois serve para transmitir alguma idéia, embora muito tênue, dos sofrimentos daqueles seres infelizes que queremos arrastar de seu país de origem, e a condenação ao trabalho perpétuo e ao cativeiro. Algumas chuvas e assopros provocaram o fechamento dos portões, e a grade a ser coberta, os fluxos e febres entre os negros se sucederam. Enquanto eles estavam nesta situação, eu freqüentemente descia entre eles, até que seus apartamentos se tornaram extremamente quentes, a ponto de só poderem sofrer por um tempo muito curto.

Mas o calor excessivo não foi a única coisa que tornou sua situação insuportável. O convés, ou seja, o piso de seus quartos, estava tão coberto com o sangue e o muco que procedia deles em conseqüência do fluxo, que se assemelhava a um abatedouro. Não está no poder da imaginação humana, imaginar uma situação mais terrível ou nojenta.

Os números dos escravos tendo desmaiado, foram carregados no convés, onde vários deles morreram, e os demais foram, com grande dificuldade, restaurados. Para mim, isso também se mostrou quase fatal.

O clima era quente demais para admitir o uso de qualquer roupa que não fosse uma camisa, e que eu tinha arrancado antes de descer; apesar disso, ao continuar entre eles apenas por cerca de um quarto de hora, fiquei tão dominado pelo calor, pelo fedor e pelo ar sujo, que quase desmaiei; e não foi sem assistência, que pude chegar ao convés. A conseqüência foi, que logo depois fiquei doente da mesma desordem, da qual não me recuperei por vários meses.

Os dinamarqueses proibiram o comércio de escravos em 1803, seguidos pelos britânicos com a Lei do Comércio de Escravos de 25 de março de 1807. Entretanto, de acordo com Thomas Clarkson, um importante abolicionista britânico, os britânicos nunca teriam chegado tão longe sem a Revolução Americana:

Enquanto a América fosse nossa, não havia nenhuma chance de que um ministro tivesse atendido aos gemidos dos filhos e filhas da África, por mais que ele pudesse sentir pela angústia deles.

Clarkson (1788): ***Um Ensaio sobre a Impolítica do Comércio de Escravos Africanos***

Em 1808, os Estados Unidos introduziram uma proibição da importação de novos escravos da África (Lei Proibindo a Importação de Escravos). A venda de escravos nascidos dentro dos Estados Unidos continuaria a ser possível por mais meio século.

Após a proibição britânica do comércio de escravos, o comércio transatlântico de escravos continuou por várias décadas, como uma espécie de comércio furtivo, sendo o Brasil o principal destino. Foi somente quando a marinha britânica começou a combater este comércio clandestino com patrulhas mais afiadas, em meados do século XIX, que isto gradualmente chegou ao fim.

O Ministro britânico das Relações Exteriores Lord Castlereagh negociou o assunto com plenipotenciários de Portugal e Espanha, à margem do Congresso de Viena em 1815. Isto levou a um tratado com Portugal, no qual foi acordado que nenhum cidadão português compraria mais escravos ao longo da costa oeste da África ao norte do equador. Em troca, a Grã-Bretanha reembolsou a Portugal uma dívida de £600.000, o restante de um empréstimo contraído pelo governo português em 1809. Em 1833, a Grã-Bretanha aboliu oficialmente a escravidão com uma Lei de Abolição da Escravatura.

Seguiram-se vários países, muitas vezes sob pressão britânica, mas onde a importância econômica da escravidão ainda era grande, havia uma grande resistência. Nos Estados Unidos, tanto que levou à Guerra Civil Americana (1861-65). Entretanto, a mecanização reduziu a escassez de mão-de-obra, enquanto as rebeliões de escravos podiam ser tão caras que a escravidão se tornou mais cara do que a mão-de-obra assalariada. Na África, a escravidão havia realmente crescido depois que o comércio transatlântico de escravos chegou ao fim. Ironicamente, a queda subseqüente nos preços tornou a escravidão acessível na África.

Williams trouxe uma explicação alternativa. Não foi uma moralidade crescente, mas os motores econômicos que sustentaram a abolição, assim como contribuíram para seu surgimento. Depois que o capitalismo pôde se desenvolver em parte devido à escravidão, a tal ponto que a revolução industrial se tornou possível, essa mesma revolução tornou a escravidão pouco econômica. Assim como o racismo se intensificou com a escravidão crescente, a moralidade aumentou à medida que a escravidão se tornou menos benéfica economicamente. Sobre a historiografia colonial então prevalecente, ele declarou mais tarde:

Os historiadores britânicos escreveram quase como se a Grã-Bretanha tivesse introduzido a escravidão apenas para a satisfação de aboli-la. Eles fizeram tal jogada da compensação fornecida pela Grã-Bretanha aos plantadores como a anulação da dívida com os índios ocidentais em relação à escravidão que é difícil não ver nesta atitude, desenvolvida e propagada ao longo de um século e um quarto, a explicação da atitude do governo britânico sobre a ajuda econômica às Índias Ocidentais e sobre o tratamento preferencial da indústria açucareira das Índias Ocidentais.

Estas são conclusões políticas. Como tal, elas são uma resposta legítima às conclusões políticas tiradas pelos próprios historiadores britânicos.

O desejo de abolir a escravidão surgiu fortemente durante o período das Luzes, quando noções de liberdade, igualdade e direitos civis e humanos estavam ganhando terreno. Pensadores importantes sobre este assunto foram Jean-Jacques Rousseau na França e Thomas Jefferson nos Estados Unidos.

Williams trouxe uma explicação alternativa. Não foi uma moralidade crescente, mas os motores econômicos que sustentaram a abolição, assim como contribuíram para seu surgimento. Após o capitalismo ter conseguido se desenvolver em parte por causa da escravidão, a tal ponto que a Revolução Industrial se tornou possível, essa mesma revolução tornou a escravidão pouco econômica. Assim como o racismo se intensificou com a escravidão crescente, a moralidade aumentou à medida que a escravidão se tornou menos benéfica economicamente. Sobre a historiografia colonial então prevalecente, ele declarou mais tarde:

Os historiadores britânicos escreveram quase como se a Grã-Bretanha tivesse introduzido a escravidão apenas para a satisfação de aboli-la. Eles fizeram tal jogada da compensação fornecida pela Grã-Bretanha aos plantadores como a anulação da dívida com os índios ocidentais em relação à escravidão que é difícil não ver nesta atitude, desenvolvida e propagada ao longo de um século e um quarto, a explicação da atitude do governo britânico sobre a ajuda econômica às Índias Ocidentais e sobre o tratamento preferencial da indústria açucareira das Índias Ocidentais.

Estas são conclusões políticas. Como tal, elas são uma resposta legítima às conclusões políticas tiradas pelos próprios historiadores britânicos.

A transformação econômica do capitalismo em direção ao trabalho assalariado e longe do mercantilismo foi, portanto, um fator de abandono da escravidão. No entanto, a economia de plantação permaneceu lucrativa por mais tempo do que muitos historiadores assumiram, levando a uma ênfase renovada em motivos morais e ideológicos no início do século 21. No processo, muita atenção foi dada às revoltas de escravos como a força motriz da abolição, sendo o exemplo mais imaginativo o da colônia francesa de Saint Domingue em 1793. Esta Revolução Haitiana, que não pôde ser contida pela força militar, levou à ilegalização da escravidão na ilha.

O desenvolvimento no exterior foi o sinal para os revolucionários franceses darem efeito a seus ideais de liberdade, igualdade e fraternidade em 1794, e ao primeiro artigo da Declaração dos Direitos do Homem e do Cidadão, pondo um fim à escravidão em todos os territórios sob domínio francês. Napoleão Bonaparte reverteu a conquista em 1802, numa tentativa de fazer com que as colônias contribuíssem para as Guerras Napoleônicas. Para frustrar este plano, o Reino Unido proibiu o tráfico de escravos em 1807, como a Dinamarca havia feito em 1803. Os Estados Unidos também proibiram a importação e exportação de escravos em 1808. A Holanda, França e, parcialmente, Portugal seguiram o exemplo em 1814-1815. Em todos estes poderes, a manutenção de escravos permaneceu legítima.

A questão da abolição do comércio de escravos também surgiu indiretamente no Congresso de Viena. O Ministro das Relações Exteriores britânico Lord Castlereagh (que tinha objeções morais) e o czar Alexander I o favoreceram. Os plenipotenciários da Espanha (Labrador) e Portugal (Palmella) se opuseram, argumentando que a proibição do comércio de escravos teve efeitos profundos em suas economias, respectivamente em Cuba e no Brasil, o que não poderia poupar os escravos como mão-de-obra barata. Palmella também citou a questão de que não estava coberta pelo direito internacional e era um assunto interno de cada país. Ele lembrou ao Congresso que a abolição do comércio de escravos não era a questão aqui. Castlereagh levantou então a idéia de sanções comerciais sobre bens produzidos por mão-de-obra escrava. Isto levou a algumas reações maldosas. O assunto foi finalmente arquivado com declarações solenes, rotulando o comércio de escravos de repugnante e imoral. Eles expressaram seu desejo de erradicar o tráfico de escravos e prometeram perseguir esse objetivo com zelo e perseverança. O Império Espanhol proibiu o comércio de escravos a partir de 1820.

Começou uma nova fase na qual a própria instituição da escravidão ficou sob pressão. O fim da escravidão foi incluído na nova constituição que o México adotou em 1824. O Império Britânico deu o passo em 1833, após grandes revoltas na Jamaica e em outros lugares. A controversa medida transitória de "aprendizagem" foi levantada em 1838, removendo a última barreira formal à liberdade. No entanto, os escravos que não encontravam terras livres muitas vezes permaneciam empregados por seus antigos proprietários. Em 1848, a escravidão reintroduzida nas colônias francesas foi banida e o Código Noir abolido.

Em 1859, a Holanda aboliu a escravidão nas partes diretamente administradas das Índias Orientais. Um momento estratégico pelo Ministro das Colônias Jan Jacob Rochussen. Um ano depois, foi publicada a denúncia de Max Havelaar, Multatuli (Eduard Douwes Dekker) sobre a política holandesa nas Índias Orientais Holandesas.

Outros quatro anos depois, em 1863, a Holanda aboliu a escravidão lucrativa nas colônias da Índia Ocidental (Suriname e Antilhas Holandesas). Na Europa, a Holanda estava entre os países que aboliram a escravidão. A Dinamarca, o Reino Unido e a França tinham precedido os Países Baixos, mas países como Portugal, Espanha, Itália, Islândia, Bulgária e a atual Turquia seguiram o exemplo (muito) mais tarde. Globalmente, a Holanda estava entre os países líderes na abolição da escravidão.

(A placa oficial da Sociedade Anti-Escravidão Britânica)

Os Estados Unidos saíram com a Proclamação de Emancipação do Presidente Lincoln em setembro de 1862, quando a abolição da escravidão havia se tornado inevitável como um dos objetivos da guerra durante a Guerra Civil Americana. Em 1º de janeiro de 1863, a abolição entrou em vigor nos estados do norte. A greve geral dos escravos contribuiu para a derrota do sul. No final, Matilda McCrear foi a última sobrevivente quando ela morreu em 1940[82], e os Estados Unidos foram os últimos a fazê-lo.

Portugal e Espanha o fizeram ainda mais tarde, argumentando que suas economias dependiam da escravidão. Nas colônias portuguesas o fim oficial veio em 1869 e nos espanhóis em 1886.

No Brasil, em 1888, durante a ausência do Imperador Pedro, a Princesa Isabel assinou a Lei de Aurea abolindo a escravidão. Isso custaria a Pedro seu trono.

A Convenção de Bruxelas de 1890 criminalizou o comércio de escravos africanos. Isto colocou o comércio de escravos árabes, em particular, no centro das atenções. O Império Otomano aboliu a escravidão em 1890, o último país parcialmente europeu, mas em alguns lugares o fenômeno continuou no início do século 20.

Em algumas partes da África e da Ásia, incluindo Libéria, Etiópia, Arábia e as partes indiretamente administradas das Índias Orientais Holandesas, a escravidão permaneceu legítima no século 20; na ilha de Sumbawa (hoje Sumbawa, Indonésia), os escravos foram libertados em 31 de março de 1910, e na ilha de Samosir só em 1914. 83][84] Na Etiópia, a escravidão foi abolida em 1931, no Bahrein em 1937, no Kuwait em 1949, no Qatar em 1952, e no Iêmen em 1962.

No último ano, o Príncipe herdeiro Faisal da Arábia Saudita libertou cerca de 100.000 a 200.000 escravos da África Oriental. O golpe de 1970 da Qaboes também aboliu a escravidão em Omã. Em 1981, a escravidão foi oficialmente abolida na Mauritânia, fazendo da Mauritânia o último estado escravo do mundo. A escravidão não se tornou punível na Mauritânia até 2007.

Tratados internacionais

Um dos primeiros tratados internacionais para abolir a escravidão na África foi a Convenção de Bruxelas de 1890. Após a Primeira Guerra Mundial, a Lei Geral de Bruxelas foi adaptada pela Convenção de Saint-Germain-en-Laye (1919) e posteriormente substituída pela Convenção Internacional da Escravatura (1926), no âmbito da Liga das Nações. Essa convenção foi complementada em 1956 pela Convenção Complementar sobre a Abolição da Escravatura, no âmbito das Nações Unidas.

Além disso, existe uma variedade de tratados de direitos humanos que contrariam direta ou indiretamente as formas de escravidão ou exploração extrema. Na legislação trabalhista, uma Convenção sobre Trabalho Forçado ou Obrigatório, 1930 (No.29) sobre trabalho forçado (1930), complementada em 2014 por um protocolo emendado, aplica-se dentro da Organização Internacional do Trabalho.

O artigo 4º da Declaração Universal dos Direitos Humanos de 1948 estabelece que ninguém será mantido em escravidão ou servidão e que a escravidão e o tráfico de escravos são proibidos sob todas as formas.

O surgimento de legislação de aplicação geral, inclusive sobre escravidão, juntamente com a idéia de liberdade, levaria ao longo dos séculos ao desenvolvimento do princípio de igualdade e, portanto, à exigência da abolição da escravidão. Uma importante declaração já formou os preâmbulos da Declaração de Independência Americana e da Constituição dos Estados Unidos.

Capítulo 7: As estatísticas do comércio transatlântico de escravos

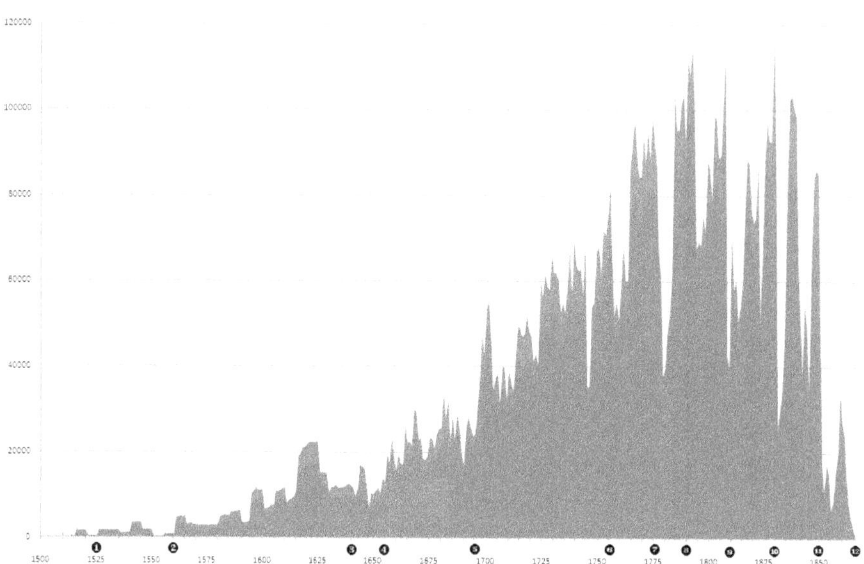

(O número estimado de escravos embarcados durante o período de 1525 - 1867)

Assim, a maioria dos caçadores de escravos africanos conseguiu escravizar milhões de pessoas ao longo dos séculos. Muitos morreram antes de poderem ser vendidos para transporte, mas entre onze e quatorze milhões foram enviados para as Américas. Os maiores números foram para o Brasil e o Caribe, cerca de 40% cada um, enquanto cerca de 5% acabaram nos Estados Unidos.

Até 1600, cerca de um quarto dos escravos deixou a África através do comércio de escravos do Atlântico, enquanto os demais deixaram o continente através dos portos do Saara e do Mar Vermelho. Depois disso, a rota através do Oceano Atlântico tornou-se maior do que a do Norte e Leste da África. Em 1700, os escravos eram até mesmo o principal produto de exportação da África.

Os portugueses aprenderam desde cedo a usar os ventos e as correntes marítimas, chamadas volta do mar. Tanto no hemisfério norte quanto no sul há um giro, uma circulação principal ou circuito de correntes marinhas. Perto do Brasil encontra-se o giro do Atlântico Sul, o que tornou a rota para Angola uma rota favorável. A grande maioria dos escravos para o Brasil veio de lá com Luanda como principal porto, mas também da Baía de Benin com Ouidah como principal porto e do sudeste da África e escravos foram levados.

Os escravos destinados ao Caribe e à América do Norte foram principalmente levados da África Ocidental através do giro do Atlântico Norte, especialmente das baías de Benin e Biafra e da Costa de Ouro.

Estimativas das estatísticas sobre o comércio de escravos

Quando faltam arquivos sobre viagens de navios, as estimativas geralmente não são mais do que isso, estimativas de natureza frequentemente especulativa, assim como, aliás, as estimativas do desenvolvimento da população mundial são especulativas na ausência de censos. As estimativas mais precisas do comércio transatlântico de escravos são as do banco de dados Voyages da Universidade Emory, que combina dados de vários arquivos nacionais. Entretanto, mesmo esta abordagem tem seus problemas nesses diferentes países, cada um deles utilizou um sistema separado, de modo que um navio que chegava a uma jurisdição diferente daquela da qual partiu às vezes tinha mais pessoas a bordo do que com a qual partiu.

As estimativas do comércio através do Saara, Mar Vermelho e Oceano Índico são muitas vezes mais imprecisas. Estas estimativas são baseadas principalmente no trabalho de Austen. Em seu último trabalho, ele assume cerca de dez milhões de pessoas para o período 800-1900. As estimativas anteriores a 1600 são particularmente imprecisas e podem variar de dois terços a dobrar esse número. Apenas os números do século XIX são de certa forma confiáveis, mas ainda não do nível de dados sobre o comércio transatlântico de escravos. O número de escravos na própria África é altamente especulativo, com Manning chegando a um número de cerca de oito milhões.

Uma estimativa inicial do número de pessoas que fizeram a travessia forçada da África foi a de um total de pouco menos de quatorze milhões por Dunbar em sua História de 1863 da Ascensão e Declínio da Escravatura Comercial na América. Um trabalho influente foi o de Kuczynski, que em 1936 chegou a quase quinze milhões de pessoas. No entanto, ele se baseou em Du Bois, que por sua vez se baseou no desconhecido Dunbar em seu trabalho O Negro de 1915, mas tinha arredondado para cima. O próprio Du Bois fixou o limite inferior em dez milhões. Embora estas fossem estimativas muito rudes e sem fundamento, apesar das críticas esta faixa provou estar de acordo com o trabalho posterior. O mesmo não acontece com o número de pessoas que teriam morrido durante a viagem, onde Du Bois assumiu cinco de seis e assim chegou a sessenta milhões de pessoas que tinham sido realizadas na África.

Curtin foi altamente crítico da maneira fácil como a cifra de quinze milhões havia adquirido vida própria, com historiadores citando uns aos outros para que as origens de Dunbar tivessem ficado completamente obscuras. O trabalho de Curtin em 1969 foi um importante impulso para se chegar a uma boa estimativa do número de escravos que fizeram a travessia. Sua estimativa de 9,566 milhões de escravos foi considerada muito baixa por Inikori, que ele mesmo chegou a cerca de 15,4 milhões de pessoas. Muitos cientistas, incluindo Lovejoy em 1982, refinaram isto ao longo dos anos.

Ao longo dos anos, surgiram diferentes tipos de conjuntos de dados de viagens de escravos, em sua maioria baseados em um único país ou porto. Por acaso, David Eltis e Stephen Behrendt se encontraram em 1990 no Public Record Office enquanto pesquisavam independentemente o tráfico de escravos britânico. Foi lá que surgiu a idéia de combinar os bancos de dados. Nos anos seguintes, os dados foram padronizados e reconciliados, e em 1999 foi emitido um CD-ROM contendo 27.233 viagens. Nos anos seguintes, o banco de dados foi ainda mais ampliado, especialmente com viagens da América Latina que ainda estavam faltando. Em 2006, isto se tornou disponível on-line via Voyages: O banco de dados do Comércio Transatlântico de Escravos da Universidade Emory. Este banco de dados contém agora cerca de 36.000 viagens de escravos. As estimativas sobre o número de pessoas que foram capturadas e morreram antes da travessia são muito menos precisas.

Taxas de mortalidade do tráfico de escravos

Em média, cerca de 15% dos escravos morreram durante a viagem, mas isto variou muito por região da África, época e número de escravos a bordo. As doenças gastroenterológicas, como a disenteria, foram a principal causa, seguida da febre. Embora os escravos não fossem baratos e, portanto, era gratificante para os comerciantes de escravos fazê-los atravessar vivos, mais morreram do que os membros da tripulação durante a passagem do meio. Depois de 1790, a taxa de mortalidade em navios britânicos diminuiu drasticamente, possivelmente devido à Lei Dolben de 1788 que colocou limites ao número de escravos que podiam ser levados.

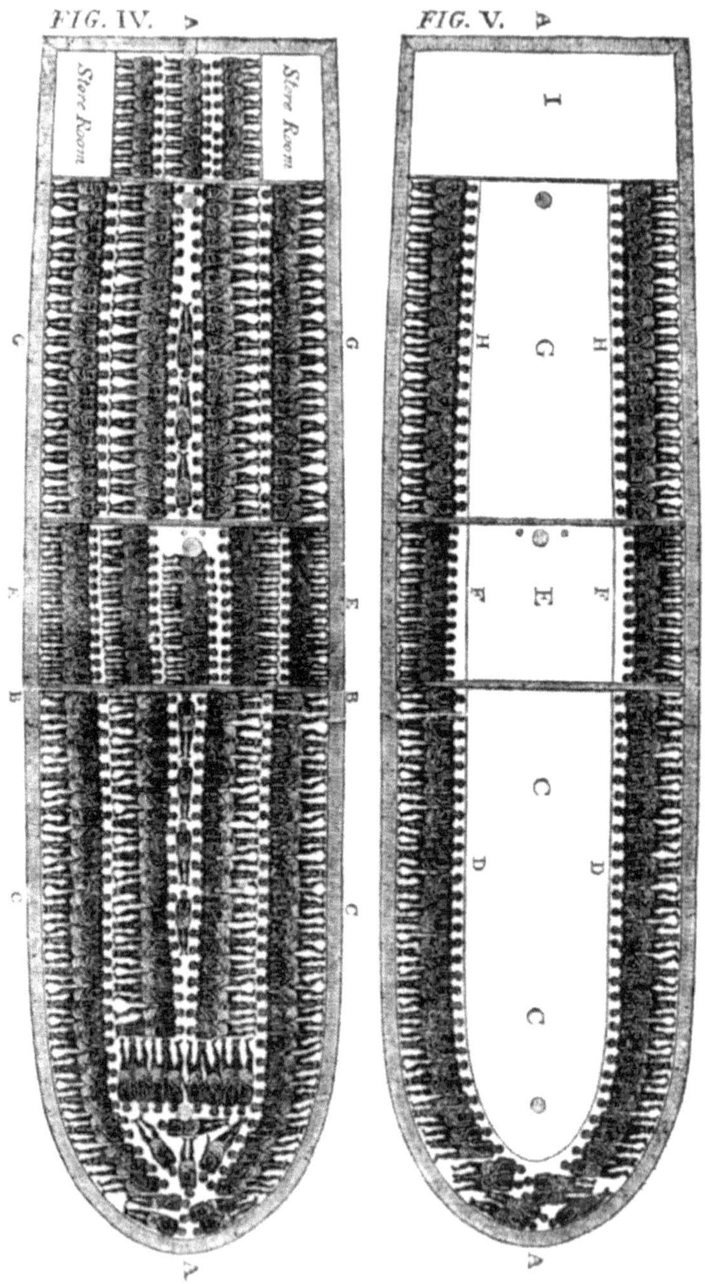

(Desenho esquemático de um navio escravo utilizado durante este período)

Enquanto a taxa média de mortalidade da tripulação na passagem do meio era menor do que a dos escravos, para todo o triângulo a taxa era maior para a tripulação majoritariamente maltratada e nem sempre voluntária também. Isto foi o resultado da viagem mais longa com a viagem da Europa à África, a estadia lá, a passagem do meio e a viagem da América à Europa. Isto poderia variar muito conforme o destino na África, com a taxa de mortalidade nas viagens para o rio Gâmbia sendo visivelmente mais alta do que aquelas para a Costa do Ouro, enquanto a taxa de mortalidade também aumentou durante a estação chuvosa. A febre amarela e a malária foram as principais causas de morte.

A maioria da tripulação morreu na viagem costeira e na travessia para os Estados Unidos, mas mesmo quando chegaram lá, um número considerável morreu. O cirurgião estava em maior risco devido a seu contato direto tanto com os escravos quanto com a tripulação. De acordo com Thomas Clarkson, um navio perdeu cerca de 20-25% de sua tripulação durante toda a viagem.

Ano Internacional dos Povos de Ascendência Africana

As Nações Unidas (ONU) proclamaram o ano de 2011 como o "Ano Internacional dos Povos de Ascendência Africana". Ao fazer isso, a ONU quis focalizar a atenção na diáspora africana. A ONU também quer usar a Declaração para forçar os Estados membros a fazer algum auto-exame a respeito da Declaração e Plano de Ação de Durban (DDPA). Isto foi decidido na Conferência Mundial contra o Racismo (WCAR) em Durban, África do Sul, em 2001. Nessa conferência foi reconhecido que a escravidão e o tráfico de escravos são e sempre deveriam ter sido crimes contra a humanidade.

Capítulo 8: A tragédia do Congo belga

A partir da década de 1870, o interior do Congo foi explorado pela primeira vez por europeus, como David Livingstone. O explorador galês-americano Henry Morton Stanley foi em busca dele e mapeou a área pela primeira vez. O Rei Leopoldo II da Bélgica o empregou para realizar suas ambições coloniais. Da costa oeste, Stanley ocupou o território estabelecendo postos para o Comité d'études du Haut-Congo e para a Association internationale du Congo. Em 1885, a terra foi concedida a Leopoldo II na Conferência de Berlim. Ele governou como rei-sovereign sobre este Estado Livre do Congo, onde instalou um reinado de terror. O comércio de escravos e marfim da caravana suaílio-árabe foi tomado pela força das armas, sendo a escravidão em grande parte substituída pelo trabalho forçado. Financeiramente, a colônia deficitária manteve sua cabeça acima da água graças a empréstimos do Estado belga. A partir de 1895, o estado do Congo trouxe uma fortuna para o monarca graças à exportação de borracha para as novas bicicletas e carros. Grande parte do dinheiro que Leopold utilizou para edifícios de prestígio em Bruxelas, Ostende, Tervuren e Antuérpia. Enquanto isso, os congoleses foram explorados. Entre 1885 e 1908, milhões de pessoas morreram de fome, doenças e violência.

Crimes no Congo belga

A borracha se tornou o principal produto de exportação. Para aumentar a produtividade, foi introduzido um imposto sobre a borracha. A borracha batida (látex) tinha que ser entregue nos postos de comércio para atender aos impostos. Isto criou uma forma de trabalho forçado à medida que as empresas se tornaram cada vez mais dependentes do trabalho congolês para sua extração de borracha.

O Estado recrutou uma série de funcionários negros, conhecidos como capitas, para organizar a mão-de-obra local. O desejo de maximizar a extração de borracha e, portanto, os lucros do Estado, significava que as exigências impostas centralmente eram muitas vezes arbitrárias, sem levar em conta os números ou o bem-estar das pessoas. Nas áreas de concessão, os concessionários podiam usar quase todas as medidas que quisessem para aumentar a produção e os lucros sem interferência do Estado. A falta de um governo para supervisionar os métodos comerciais levou a uma atmosfera de "informalidade" em todo o Estado Livre, o que provocou exploração e maus-tratos. O tratamento dos trabalhadores (particularmente a duração do emprego) não era regulamentado por lei e era deixado à discrição dos funcionários no terreno. A ABIR e a Anversoise foram particularmente notadas pela dureza com que os funcionários trataram os trabalhadores congoleses.

As pessoas que se recusaram a bater a borracha (látex) foram forçadas a sair. Os insurgentes eram espancados ou chicoteados com a chicotte. As pessoas eram tomadas como reféns para encorajar as pessoas a acelerar a extração da borracha e expedições punitivas eram feitas para destruir as aldeias que não cooperavam. A política levou ao desaparecimento da vida econômica e cultural congolesa, e a agricultura local ficou sob pressão em certas áreas.

A execução estava principalmente nas mãos da Força Publique, o exército colonial. A Força havia sido estabelecida em 1885, com oficiais brancos, oficiais subalternos e soldados negros, e recrutados de Zanzibar, Nigéria e Libéria, entre outros. No Congo, o exército foi recrutado de grupos étnicos e estratos específicos da população, incluindo o Bangala. Os chamados Zappo-Zaps (do grupo étnico Songye) eram os mais temidos. Os Zappo-Zaps abusaram de sua posição ao invadir o campo e escravizar o povo. Em 1900, a Força Publique contava com 19.000 homens.

O imposto da borracha e a exploração violenta da população que o acompanhou teve origem no estabelecimento do regime de concessão em 1891 e durou até 1906, quando o sistema de concessão foi reduzido. Em seu auge, ocorreu principalmente nas regiões de Équateur, Bandundu e Kasai.

(escravos congoleses de produção de látex)

O não cumprimento das cotas de borracha foi severamente punido. Além da prisão e da tomada de reféns, a punição também podia tomar a forma de violência física, por exemplo, chicotear com a chicotte, queimar com chiclete, ou morte.

Enquanto isso, o Force Publique tinha que fornecer as mãos de suas vítimas como prova quando elas tinham atirado e matado alguém, pois acreditava-se que de outra forma elas usariam as munições (importadas da Europa a um custo considerável) para a caça. Como resultado, as cotas de borracha foram parcialmente reembolsadas em mãos cortadas. Algumas vezes as mãos eram coletadas pelos soldados da Força Publique, outras vezes pelos próprios vilarejos. Houve até pequenas guerras em que as aldeias atacaram as aldeias vizinhas para recolher as mãos porque suas cotas de borracha eram irrealistas demais para serem cumpridas.

Em teoria, toda mão direita provou ser uma matança. Na prática, os soldados às vezes enganavam simplesmente cortando a mão e deixando a vítima para morrer. Vários sobreviventes mais tarde disseram ter sobrevivido a um massacre agindo como mortos, não se movendo mesmo quando suas mãos foram cortadas, e esperando que os soldados saíssem antes de buscar ajuda. Em alguns casos, um soldado poderia encurtar sua turnê de serviço pegando mais mãos do que os outros soldados, levando a mutilações generalizadas de pessoas.

Este abuso foi denunciado no que foi chamado a primeira campanha humanitária internacional. Ela foi conduzida por missionários protestantes e pela Associação de Reforma do Congo do jornalista britânico Edmund Dene Morel.

O escritor Mark Twain e outras figuras proeminentes também se manifestaram. Enquanto isso, a pressão sobre o rei cresceu dentro do parlamento belga e nos círculos acadêmicos. O relatório do diplomata britânico Roger Casement levou à criação da Comissão Janssens, que em grande parte confirmou as acusações.

Pouco tempo depois, Leopold sucumbiu à pressão. Após longos debates, a Bélgica anexou o território e assumiu a colônia do rei a partir de 1908. A Carta Colonial conferiu ao rei o poder legislativo sujeito à contra-assinatura do Ministro das Colônias. No terreno, o poder era exercido pelo governador-geral.

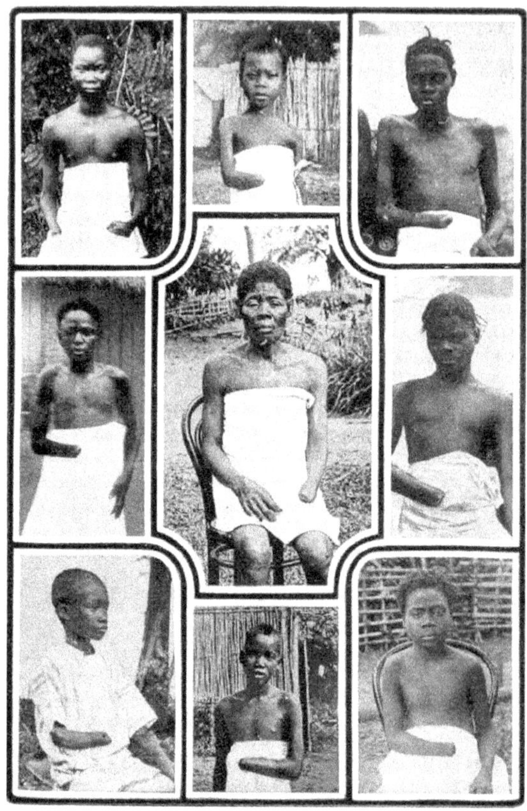

(vítimas do regime belga do Congo)

O país agora era chamado de Congo Belga. O trabalho forçado diminuiu (mas não parou), a governança melhorou, e o progresso foi realizado em certas áreas.

Os congoleses poderiam receber educação e assistência médica, mas dentro de um sistema de segregação racial. Além disso, foi adotada uma política que excluía os negros do ensino superior por medo de seu efeito emancipador. Os governantes coloniais brancos geralmente exibiam uma atitude condescendente e paternalista em relação à população indígena, o que gerava ressentimentos. Em 9 de dezembro de 1941, os mineiros que trabalhavam no Union Minière entraram em greve por melhores condições de trabalho. Muitos grevistas foram abatidos com salvos de metralhadoras e jogados em uma vala comum. Esta repressão, que ocorreu durante a Segunda Guerra Mundial, foi sempre mantida em silêncio na Bélgica. Durante a Segunda Guerra Mundial, o exército congolês obteve vitórias contra os italianos na Etiópia.

Na década de 1950, um grupo de évolués fez alguns progressos. O número deles foi estimado pela administração em 1958 em 175.000. Eles eram congoleses que, após verificações, foram considerados como tendo assimilado suficientemente a cultura belga. Eles desfrutavam de um status melhor do que outros congoleses. Em 1954, foi aberta a universidade de Lovanium. Em um contexto de descolonização internacional, cada vez mais congoleses começaram a questionar o regime belga. Uma crise econômica em 1959 contribuiu para a eclosão de tumultos.

Parte 2: Escravidão na América s

Capítulo 1: Escravatura colonial e pós-colonial

Portanto, para fazer um rápido resumo do que foram os eventos que levaram à escravidão na América.

Na parte anterior, examinamos os acontecimentos da história do comércio transatlântico de escravos. Durante o comércio transatlântico de escravos, predominantemente negros africanos foram transportados para as Américas do Norte e do Sul. Os chefes negros locais na África ofereceram aos escravos, que os escravizaram em numerosos conflitos, entre outras coisas. Em vez de forçar esses escravos a suar até a morte, matando-os cerimoniosamente ou vendendo-os a comerciantes árabes, era mais lucrativo vendê-los a europeus. 2.000 escravos eram transportados para as Américas a cada ano de Elmina, Gana.

Eles trabalharam nas plantações de lá. A escravidão existia na África antes da chegada dos europeus, mas foi realizada em uma escala muito maior depois, como explicado na parte anterior deste livro sobre o tráfico transatlântico de escravos.

O comércio de escravos entre a África e o Brasil começou por volta de 1550. Estima-se que 3 milhões de pessoas, ou 37% de todos os escravos do mundo, acabaram neste país. Os portugueses, e mais tarde os brasileiros, exploraram escravos negros no setor de mineração (de ouro), particularmente em fazendas de cana de açúcar, após sua independência em 1822. A escravidão foi gradualmente abolida entre 1850 e 1888, como resultado dos protestos de intelectuais brasileiros e da pressão diplomática do Reino Unido (que viu forte competição econômica no trabalho escravo barato, mas também condenou a escravidão por razões humanitárias).

No processo, os negros foram desumanizados, ridicularizados e considerados inferiores e animalistas. No comércio transatlântico de escravos, a desumanização foi um componente crucial. Inicialmente, a justificação para isso foi procurada na Bíblia, onde, entre outros lugares, os descendentes de Cham são amaldiçoados à escravidão no Gênesis 9 (Martinho Lutero pensava que Cham era a origem de todo o povo marrom). Mais tarde, no entanto, a justificativa foi encontrada principalmente retratando as vítimas como inferiores e selvagens, contribuindo consideravelmente para o aumento do racismo.

Alguns grupos cristãos protestantes, particularmente os quakers e menonitas, estavam entre os primeiros na Europa a se oporem à escravidão, particularmente ao comércio de escravos, no século XVII. O pietismo e o Iluminismo alimentaram o movimento anti-escravidão no século XVIII. A escravidão foi mantida em várias colônias européias na América do Norte e do Sul que obtiveram a independência de seus países de origem europeus entre 1770 e 1900, encabeçada por colonos europeus. Este não foi o caso em colônias que obtiveram a independência sob liderança não colonial, como no Haiti, onde uma bem sucedida rebelião de escravos negros (1791-1804) resultou em simultânea descolonização e abolição da escravidão.

A partir do final do século XVIII, o abolicionismo, ou sentimento anti-escravidão, cresceu nos países europeus e em suas ex-colônias americanas: primeiro, a retenção de escravos (não europeus) foi proibida na Europa, embora esta proibição raramente tenha sido aplicada. A escravidão foi abolida pelos revolucionários franceses em 1794, mas foi reinstituída oito anos depois. Após as Guerras Napoleônicas, o Reino Britânico proibiu o comércio de escravos, e outros governos europeus e (antigas) colônias seguiram o exemplo. A escravidão foi perpetuada no Império Britânico até 1833, na Holanda até 1863, e nos Estados Unidos até 1865, mesmo sem o comércio de escravos.

Devido ao racismo e às enormes somas de dinheiro envolvidas em ambos, a oposição à abolição do comércio de escravos e da escravidão foi forte. Quase todos os governos compensaram os antigos proprietários de escravos quando os escravos foram libertados. Desta forma, os Estados Unidos são um país mais distante. Os escravos não recebiam nenhuma compensação e eram freqüentemente forçados a trabalhar após a abolição da escravidão.

O comércio de escravos e a escravidão, segundo o historiador Williams, contribuíram para a prosperidade e o crescimento da Europa. Ele argumentou em seu livro Capitalismo e Escravidão de 1944 que a escravidão contribuiu significativamente para o capitalismo inicial e financiou a Revolução Industrial. Williams também refutou a crença popular na época de que o abolicionismo era em grande parte motivado por razões humanitárias.

Por exemplo, ele afirmou que se Pitt tivesse conquistado Saint-Domingue, teria evitado a abolição desde Saint-Domingue, onde 40.000 escravos eram necessários a cada ano para manter os campos de cana-de-açúcar a funcionar, sem eles não valeria nada. Aqui ele formulou a tese Williams, ou a necessidade econômica da escravidão para possibilitar a revolução industrial, que tornaria a escravidão não lucrativa.

O capitalismo comercial do século XVIII desenvolveu a riqueza da Europa por meio da escravidão e do monopólio. Mas ao fazê-lo, ajudou a criar o capitalismo industrial do século XIX, que deu a volta e destruiu o poder do capitalismo comercial, da escravidão e de todas as suas obras. Sem uma compreensão destas mudanças econômicas, a história do período não tem sentido.

Posteriormente, essa mesma revolução e o capitalismo industrial resultante tornaram assim a escravidão obsoleta. Esta tese de Williams se tornou posteriormente objeto de muitos debates, mas parece haver fortes indícios de que a tese pode não se sustentar em sua totalidade, mas pelo menos em aspectos importantes. Tem sido argumentado contra a tese de que a importância econômica e a rentabilidade do tráfico de escravos era mínima para a Europa.

Entretanto, isto deixa de lado o fato de que a escravidão foi muito importante para tornar possível a colonização das Américas e, assim, desencadear um desenvolvimento da expansão européia, juntamente com o desenvolvimento de novos instrumentos financeiros. Foi também Williams quem argumentou que o racismo se originava principalmente da escravidão através da necessidade de justificação e da desumanização que a precedeu.

Capítulo 2: Escravos em um novo mundo

O que muitas pessoas podem não saber é que os escravos nas Américas, vieram de muitas culturas e raças diferentes. Para dar uma boa perspectiva na pré-facetada da história afro-americana, temos que dar uma olhada no que aconteceu durante esse período no tempo.

Escravos brancos

Entre 1512 e 1693, os escravos brancos e as mulheres escravizadas eram freqüentemente trazidos para o Caribe, primeiro pelos espanhóis, e depois por outros. Entre 1654 e 1685, cerca de 10.000 serviçais, trabalhadores obrigados contratualmente, deixaram Bristol para as Índias Ocidentais e Virgínia. Alguns vieram voluntariamente; outros haviam sido sequestrados nas ruas de Londres e Bristol. Mais tarde, criminosos foram trazidos da Inglaterra para as Índias Ocidentais como trabalhadores forçados. As colônias francesas tiveram engajamentos. Os Estados da Holanda decidiram em 1684 enviar criminosos da província da Holanda para De West (Suriname), em vez de trancá-los em casas disciplinares.

Nativos americanos

Durante a colonização das Américas, os espanhóis entraram em guerra com várias civilizações poderosas, e um dos meios de subjugá-los foi forçar os conquistados a trabalharem como escravos. Os relatórios de Bartolomé de las Casas, um monge dominicano e historiador, sobre a condição desumana dos escravos encontraram alguma ressonância com a casa real espanhola. Mas acima de tudo, a dizimação alarmante da população nativa levou à promulgação de leis reais para proteger a população indígena. Os proprietários de plantações voltaram-se cada vez mais para a África em busca de escravos.

Na colônia espanhola de Santo Domingo (posteriormente capital da República Dominicana), o governador Ovando (a partir de 1502) obrigou os índios a trabalhar nas plantações de cana de açúcar e na lavagem do ouro. O fato de milhares de índios terem morrido no processo deixou-o frio. Cada plantador recebeu o número de índios necessário para sua agricultura e lavagem de ouro.

Esta divisão do trabalho, chamada repartimiento, acabou mal para os índios. Eles foram forçados por seus senhores a fazer um trabalho muito duro, durante o qual lhes foi negado o alimento necessário. Se tentavam escapar de seu destino fugindo para as montanhas, eram perseguidos por cães de caça. Se fossem capturados, um terrível castigo os aguardava. Eles tinham que trabalhar acorrentados como escravos. Para isso, tiveram que suportar a flagelação necessária. Aqui e ali os oprimidos se atreviam a resistir. Eles foram punidos de forma extremamente severa por isso. Os chefes de rebelião morreram sob as mais horríveis torturas e seus subordinados foram forçados a fazer o trabalho mais duro. Muitos índios morreram de fome e miséria. Mas um número considerável também tirou suas próprias vidas.

Asiáticos

Também havia escravos em Batávia, no século XVIII, mesmo mais de 60% da população. Estes haviam sido trazidos pelos milhares da Índia e Arakan (Burma), e mais tarde também de Bali e Celebes. No entanto, para evitar rebeliões, nenhum javanês foi autorizado a ser escravizado.

Africanos

Por volta de 1660, uma escassez de trabalhadores surgiu nos Estados Unidos. Agricultores da Nova Carolina e Virgínia foram os primeiros a começar a usar escravos africanos para a colheita do tabaco. Virginia também foi o primeiro estado a mudar suas próprias leis: negros que não eram cristãos em sua terra natal eram considerados escravos. As pessoas começaram a importar escravos da África em grande escala. Os líderes tribais negros haviam descoberto que era lucrativo não matar os prisioneiros capturados em uma guerra tribal, como era costume na época, mas oferecê-los para venda a um bom preço.

Os escravos eram utilizados principalmente no cultivo e processamento da cana de açúcar. A vida desses escravos era muito difícil. Eles eram mantidos sob seu controle com um regime de terror. A taxa de mortalidade nas plantações geralmente excedia significativamente a taxa de natalidade.

Quando os ingleses, holandeses e franceses tomaram posse de uma grande parte das ilhas do Caribe e das Guianas no século XVII, eles também começaram a estabelecer ali plantações de cana-de-açúcar, utilizando escravos negros. As condições de vida nas plantações geralmente não eram melhores do que nos Estados Unidos.

Entre cerca de 1500 e 1850, cerca de 11 milhões de africanos foram transportados através do Atlântico como escravos. Em média, cerca de 15% dos escravos morreram em trânsito, semelhante à morte de tripulantes. Com cerca de 550.000 escravos, a Holanda representava 5% do comércio transatlântico total de escravos.

No século XVIII, a escravidão também começou a se desenvolver nas colônias inglesas ao longo da costa da América do Norte, a costa leste dos Estados Unidos mais recentes. Aqui a taxa de mortalidade entre os escravos era geralmente menor que a taxa de natalidade, talvez devido a um tratamento ligeiramente melhor, ou ao clima menos tropical, o que facilitava o controle de doenças. As condições de vida realmente boas para os escravos negros aqui também não eram.

Escravos fugitivos fundaram comunidades em lugares inacessíveis. Tais comunidades Maroon surgiram em muitos lugares, desde a Amazônia até os estados da Flórida e Carolina do Norte, nos Estados Unidos. Muitas vezes, os Maroons travaram uma guerra de guerrilha contra os proprietários das plantações.

Capítulo 3: Os Estados Unidos

Depois que as treze colônias na costa leste norte-americana se libertaram do domínio britânico durante a Guerra da Independência americana (1775-1783), a escravidão foi mantida nos Estados Unidos. Vários presidentes como Washington, Jefferson, Madison, Monroe, Jackson, Tyler, Polk e Taylor mantiveram escravos em suas propriedades às vezes extensas durante suas presidências. Entretanto, a discrepância entre esta liberdade dos ex-colonistas brancos e a negação do mesmo direito a seus semelhantes de cor era cada vez mais sentida, e o movimento abolicionista americano logo decolou (a própria palavra abolicionismo data de 1787). Em 1804, os vários estados do norte haviam abolido a escravidão. Em 1º de janeiro de 1808, houve uma proibição do comércio de escravos da África em todo o país. Junto com o Reino Unido, os EUA estabeleceram um controle sobre o contrabando de escravos em 1814.

Nos Estados do Sul, os escravos trabalhavam no cultivo da cana de açúcar e em plantações de algodão e tabaco. Estes forneciam o algodão para a indústria têxtil inglesa e alguns também desejavam poder manter escravos em plantações nos estados recém-recuperados. A partir do final do século XVIII, os protestos contra a escravidão aumentaram. A Lei que proíbe a importação de escravos proibiu a importação de novos escravos da África desde 1808. A venda de escravos nascidos nos Estados Unidos ainda era possível. Os proprietários de escravos, portanto, muitas vezes tinham que contar com o crescimento natural de seus estoques e forçavam as mulheres a ter filhos. Em 1819, um regulamento garantiu que os estados ao norte de 36°30' de latitude não fossem mais autorizados a manter escravos. Os estados ao sul desta latitude ainda tinham permissão para fazê-lo. A partir de 1830, a revista Liberator apareceu no norte dos Estados Unidos com propaganda a favor do abolicionismo, o objetivo de abolir a escravidão. Ela irritou os sulistas a tal ponto que eles perseguiram os abolicionistas e queimaram seus escritos. Os estados do Norte eram obrigados pelas leis federais a entregar os escravos fugitivos e permitir que os caçadores de recompensas rastreassem os escravos fugitivos.

Além disso, cidadãos, de pele escura, eram regularmente seqüestrados e vendidos para os estados escravos. A ideologia também bloqueou todas as opções políticas; ninguém queria colocar o dedo na ferida. O Império Britânico aboliu a escravidão em 1833, após críticas tanto do âmbito religioso quanto econômico. Por exemplo, Adam Smith argumentou que um trabalhador livre era mais produtivo do que um escravo e que os empresários com escravos não inovavam. A escravidão não era mais predominante no Norte em 1860 porque o sistema não se mostrava mais resistente à falta de retorno.

O Norte também achou a escravidão cada vez mais moralmente censurável. Os Quakers criaram a ferrovia subterrânea para ajudar os fugitivos. Esta rede secreta de fuga utilizava linguagem de código do jargão ferroviário. Um "condutor" era um ajudante na estrada e uma "estação" um lugar seguro. Os escravos viajavam principalmente à noite e de barco porque as chances de serem capturados eram menores nos rios. Os caçadores de recompensas os perseguiam como cães de caça ao longo de centenas de quilômetros de rotas de fuga que normalmente corriam para noroeste para estados livres. Aqueles que fugiram para o norte foram aconselhados a seguir a Estrela do Norte. A Estrada de Ferro levou a desacordos e concessões políticas. Em 1850, a "Lei do Escravo Fugitivo" tornou a ajuda aos fugitivos uma ofensa criminal e até se tornou obrigatório enviá-los de volta, mesmo nos estados do Norte. No entanto, a Estrada de Ferro continuou a existir, muito para o incômodo do Sul.

A ferrovia subterrânea

A ferrovia subterrânea era uma rede clandestina (muitas vezes ad hoc) de rotas de contrabando nos Estados Unidos através da qual os escravos fugitivos podiam deixar os estados do sul dos Estados Unidos e procurar um porto seguro nos estados do norte que protegiam os escravos fugitivos, ou então no Canadá.

Antecedentes políticos

A ferrovia foi uma fonte de grande ressentimento entre o Norte e o Sul dos Estados Unidos.

Muitos nórdicos simpatizaram com aqueles que ajudaram a trazer os escravos fugitivos para a segurança. Os sulistas exigiram durante anos a promulgação de leis de varredura para tornar obrigatório o arredondamento para cima dos escravos fugitivos. Em 1850, o Congresso aprovou tais leis. Isto impediu que ex-escravos permanecessem nos Estados Unidos e eliminou todas as rotas ferroviárias que não fugiam para o Canadá.

Operação

A ferrovia subterrânea consistia em esconderijos e outras instalações de propriedade de simpatizantes do movimento abolicionista. Ela funcionava como muitos movimentos de resistência em larga escala: com muitas células soltas que sabiam pouco sobre outras células e realmente conheciam apenas algumas de suas "células vizinhas". Os escravos fugidos viajavam de uma estação para outra, chegando ao Norte em várias etapas. Os principais funcionários da ferrovia eram ex-escravos, além de Quakers (membros da Sociedade de Amigos) e membros da Igreja Metodista Wesleyana (um movimento metodista do protestantismo), que tinham uma aversão religiosa à escravidão.

O principal destino final dos escravos fugitivos na ferrovia era o estado de Ontário, no sul do Canadá, ao redor da Península do Niágara e da cidade de Windsor. Aproximadamente 30.000 pessoas fugiram com sucesso para o Canadá. Isto levou a um aumento significativo da população nas colônias canadenses ainda escassamente povoadas e estes colonos formaram a base para a atual população negra de Ontário.

A ferrovia subterrânea deixou de existir após o início da Guerra Civil Americana em 1861.

A batida de John Brown

Em 16 de outubro de 1859, o abolicionista radical John Brown liderou uma incursão no arsenal: ele esperava capturar armas para armar escravos no Sul e assim desencadear uma rebelião. Fuzileiros sob o comando do coronel Robert E. Lee ajudaram a milícia local a dominar Brown e seus homens. Brown foi julgado pelo estado da Virgínia por alta traição, condenado à morte e enforcado na vizinha Charles Town.

O violento ataque abolicionista liderado por John Brown ao depósito nacional de munições em Harpers Ferry, em 1859, foi condenado pelo Norte e Sul. A tentativa de obter armas para uma revolta de escravos, porém, exacerbou a tensão entre os dois lados.

A Guerra Civil

A Guerra Civil americana foi um desastre para Harpers Ferry: a cidade mudou de mãos oito vezes. Em 1861, as armas e maquinaria do arsenal foram levadas para o Sul em benefício dos esforços de armamento liderados por Josiah Gorgas.

Em setembro de 1862, Thomas "Stonewall" Jackson capturou a cidade em preparação para a invasão de Maryland, que levaria à Batalha de Antietam. Ao tomar a cidade, mais de 12.000 soldados do norte se renderam.

Após o fim da Guerra Civil, Harpers Ferry foi separado da Virgínia com o resto do condado de Jefferson e Berkeley (sob protesto) e anexado à Virgínia Ocidental.

Nos próximos capítulos discutiremos ainda mais os eventos da guerra civil e a abolição da escravidão nos Estados Unidos.

Capítulo 4: John Brown

John Brown nasceu em Torrington, Connecticut, em 9 de maio de 1800, e morreu em Charles Town, Virginia, em 2 de dezembro de 1859, era um militante americano que lutava contra a escravidão nos EUA. Ele foi enforcado em 1859 após uma tentativa fracassada de iniciar uma revolta de escravos.

John Brown nasceu em Torrington, Connecticut, em 9 de maio de 1800, e morreu em Charles Town, Virginia, em 2 de dezembro de 1859, era um militante americano que lutava contra a escravidão nos EUA. Ele foi enforcado em 1859 após uma tentativa fracassada de iniciar uma revolta de escravos.

Kansas

Brown nasceu em Connecticut, mas passou a maior parte de sua infância em Ohio. Ele estudou brevemente em Massachusetts e Connecticut antes de voltar para Ohio. Em 1820 ele se casou com Dianthe Lusk com quem ele teria 7 filhos. Em 1833, um ano após a morte de sua primeira esposa, ele se casou com Mary Ann Day que era 17 anos mais jovem que ele. Com sua segunda esposa, Brown teve mais 13 filhos. A partir de 1837, ele trabalhou intensamente para a abolição da escravidão nos Estados Unidos, incluindo um programa educacional para jovens negros.

Em 1855, Brown e alguns de seus filhos partiram para o Kansas, onde se travavava uma batalha entre as facções pró e anti-escravidão pelo controle do território. Esta batalha (Bleeding Kansas) seria decisiva para determinar se o Kansas se juntaria à União como um estado escravo ou um estado livre. Brown liderou um grupo de abolicionistas contra o grupo de militantes pró-escravidão que operam fora do Missouri. Em maio de 1856, Brown e seu grupo retaliaram pelo assassinato de abolicionistas em Lawrence, Kansas, matando 5 militantes perto de Pottawatomie Creek. Este ato ganhou notoriedade nacional por parte de Brown.

Depois das eleições no Kansas, que finalmente tornaram o território livre de escravos, Brown retornou e fez planos para iniciar uma rebelião armada entre os escravos nos estados do sul dos EUA. Ele levantou dinheiro, inclusive de Gerrit Smith, para fornecer armas e munições e reuniu um grupo de homens ao seu redor para executar seu plano.

Harpers Ferry

Brown alugou uma fazenda perto de Harpers Ferry (Virginia, agora em West Virginia) com o objetivo de capturar um depósito de armas do Exército dos EUA. Com apenas 21 homens, muito menos do que Brown esperava, o grupo atacou o depósito em 16 de outubro de 1859, e tomou a cidade de Harpers Ferry.

Seu plano era distribuir as armas e munições no depósito aos escravos, e provocar uma revolta, começando na Virgínia. A notícia do ataque chegou a Washington D.C. no dia seguinte, após o que uma unidade de fuzileiros navais comandada por Robert E. Lee juntamente com a milícia local cercou Brown e seus homens. Seguiu-se um breve encontro no qual dez dos homens de Brown (incluindo dois de seus filhos) foram mortos. Sete outros, incluindo o próprio Brown, foram capturados.

John Brown foi então julgado e considerado culpado de traição e condenado à morte. Seu julgamento foi amplamente noticiado pela mídia (do norte). Brown foi despedido de várias maneiras como mártir dos escravos negros ou como o primeiro terrorista americano. Frederick Douglass, o conhecido abolicionista negro, desaprovou seus métodos violentos enquanto outros o retratavam como um herói.

Em 2 de dezembro de 1859, Brown foi executada por enforcamento.

Polarização

A luta militante de Brown contra a escravidão e sua execução polarizaram ainda mais as opiniões no país sobre a escravidão. Menos de dois anos após sua execução, a Guerra Civil americana eclodiu, e os soldados da União do Norte às vezes cantavam a canção "John Brown's Body" escrita em honra de Brown antes de ir para a batalha.

Capítulo 5: A Guerra Civil

A Guerra Civil Americana (Guerra entre os Estados) foi um conflito de quatro anos de 1861 a 1865 nos Estados Unidos entre os Estados do Norte (a União) e os Estados do Sul (a Confederação). Batalhas e campanhas sangrentas aconteceram em muitos estados. A guerra começou com um ataque da Confederação a Fort Sumter em 12 de abril de 1861. A Batalha de Bull Run, em 21 de julho de 1861, foi a primeira grande batalha.

A guerra terminou efetivamente após a rendição do General Robert E. Lee após a batalha de Appomattox, no início de abril de 1865. A última batalha foi travada em 13 de maio de 1865, no Rancho Palmito, no Texas. Em junho, o Sul se rendeu, e os do Norte venceram. Estima-se que houve 695.027 mortos e 543.926 feridos.

Causas da Guerra Civil

Várias causas estavam na raiz: tensões políticas entre o governo federal e os estados; entre republicanos e democratas; tensões econômicas entre o Norte industrial e o Sul agrícola ou protecionismo contra a idéia do livre comércio e tensões sociais devido à escravidão do Sul e a grande propriedade de terra contra os pequenos agricultores do Norte. Havia também uma lei de registro com a qual os estados do Sul não concordavam.

A cabine do tio Tom

A idéia de que a guerra surgiu para abolir a escravidão pode ser matizada. Esta idéia teve origem em parte nas reações ao romance abolicionista The Cabin of Uncle Tom, escrito por Harriet Beecher Stowe. A Lei de 1850 a inspirou a escrever sobre a escravidão desumana e o livro se tornou um best-seller.

Entretanto, a abolição da escravidão foi um resultado da Guerra Civil, não uma causa. O conflito envolvia inicialmente uma disputa fora de controle sobre a extensão da escravidão aos estados recém-formados, conhecidos como territórios. À medida que os Estados Unidos se expandiram para o oeste, surgiu a questão de se esses estados poderiam ter escravos. Os nórdicos não sentiam nada pela expansão; os democratas do sul acreditavam que os proprietários de escravos poderiam levar suas propriedades a qualquer lugar.

Uma decisão militar

Em 1862, Lincoln encontrou na abolição da escravidão um meio de impedir a interferência estrangeira na guerra. A Inglaterra e a França não tinham mantido escravos por décadas e criticar a escravidão nos Estados Unidos tornaria moralmente impossível para eles tomar o partido do Sul. Para isso, Lincoln assinou uma ordem presidencial. A Proclamação de Emancipação decretou que todos os escravos de áreas rebeldes fossem livres.

Lincoln matou dois pássaros com uma cajadada só: ele se livrou da ameaça estrangeira E aumentou a força das tropas de seu exército pressurizado em quase 200.000 indivíduos negros motivados. Foi neste contexto que Lincoln enviou ao Congresso uma proposta para a primeira emenda à Constituição em quase setenta anos: uma emenda abolindo a escravidão. Com esta emenda em mãos, os líderes da comunidade negra e livre pediram a todos os negros que se alistassem em massa para o serviço militar. Os esforços de Frederick Douglass nesta área são famosos.

No início de 1864, as primeiras empresas de cor ficaram sob as armas, e logo os negros foram destacados ao longo de toda a linha - para desespero dos sulistas, que não tomaram os soldados negros como prisioneiros de guerra após a rendição, mas os massacraram. Lincoln se encarregou de outro problema através de sua proclamação. A população civil do Norte temia que os escravos libertados competissem em seu mercado de trabalho. Ao fazer isso, Lincoln tomou uma medida impopular durante uma guerra já impopular.

A economia antes da Guerra Civil

Em 1860, os estados do Sul se sentiam em desvantagem econômica. O Norte era o centro industrializado dos Estados Unidos. Empresas metalúrgicas, fábricas de tecelagem, abatedouros, fábricas de armas e outras indústrias inovadoras trouxeram riqueza para lá. O Norte operava 110.000 fábricas com 1,3 milhões de trabalhadores; o Sul tinha apenas 18.000 fábricas com 110.000 trabalhadores.

O Norte possuía 32.000 km (22.000 milhas) de infra-estrutura ferroviária, o Sul 14.400 km (9.000 milhas). Em 1860, o Norte produziu 470 locomotivas a vapor, em comparação com apenas 17 no Sul. A conversão do Norte à produção de guerra também foi mais suave: o Norte produziu 32 vezes mais armas que o Sul, respondendo por quase 97% da indústria de armas. O Norte também era mais moderno, mais democrático e mais liberal. Em comparação com o Norte, o Sul era pobremente dotado.

A economia agrária do Sul pseudo-aristocrático era feudal e tradicional: alguns grãos e trigo eram cultivados, mas o peso econômico pesado descansava com os ricos grandes proprietários de terras que cultivavam algodão e tabaco com escravos. O Norte não só se desenvolveu mais rapidamente que o Sul, como também distribuiu melhor sua riqueza. A indústria trouxe empregos para o pequeno. No Sul, os sem-terra podiam escolher entre viver na marginalidade ou uma existência como um servo ou soldado.

O desequilíbrio na riqueza havia sido provocado principalmente pelo desenvolvimento unilateral da economia do Sul e sua dependência da importação de alimentos do Ocidente, da importação de produtos manufaturados e utensílios do Norte e do crédito do Nordeste. As exportações da produção do Sul passaram por Nova York, que embolsou uma parte dos lucros.

Demografia, Representação e Tributação

Os dados demográficos afetaram a participação política e a carga tributária no Sul. Pessoas mais instruídas e cidadãos que puderam se deslocar para o norte.

Lá a população cresceu para 21 milhões contra uma população sulista de nove milhões, incluindo quatro milhões de escravos. A população de um estado determinou o número de delegados ao Congresso. O Senado sempre teve dois senadores para cada estado, o que manteve o equilíbrio entre os estados escravos e os estados livres. Em 1820, surgiu o Compromisso do Missouri, que estipulava que o Missouri se unia como um estado escravo e o Maine como um estado livre de Massachusetts. O compromisso de 1787 previa que os escravos contassem três quintos (60%) para determinar o número de membros para o Congresso, bem como para determinar o valor do imposto.

Direitos dos Estados

Outro fator que testou as relações foi a luta entre o sentimento de independência dos estados versus a influência do governo federal. Os Estados do Sul desejavam independência do governo e desconfiavam de qualquer forma de "governo".

Incentivo

A ocasião foi a eleição do liberal republicano Abraham Lincoln como presidente, em 6 de novembro de 1860. Este último fez uma campanha neutra para não ofender os partidários ou oponentes da escravidão. Seu desejo de evitar a extensão da escravidão ao Ocidente era inaceitável para os estados do Sul.

Além disso, ele foi eleito exclusivamente com votos do Norte, Califórnia e Oregon, de modo que o Sul percebeu a eleição como um ataque. Em 20 de dezembro, o primeiro estado do Sul, a Carolina do Sul, se separou. Em 6 de fevereiro de 1861, Mississippi, Flórida, Alabama, Geórgia, Louisiana e Texas se uniram e se uniram aos Estados Confederados da América com sua própria constituição e o estabelecimento de sua capital em Montgomery, Alabama. Em 9 de fevereiro, eles elegeram Jefferson Davis como presidente.

Nove dias depois, em 18 de fevereiro, ele foi oficialmente empossado. Este o Norte, liderado pelo presidente cessante James Buchanan, achou insuportável. Em 4 de março, Lincoln fez o juramento de posse como o 16º presidente, e em seu discurso de posse ele rejeitou as secessões. Ele convocou os renegados para restaurar os laços da União e enviou ajuda ao Forte Sumter Federal para o porto de Charleston.

Escalação

A restauração da União foi recusada. Para reforçar sua recusa, a Carolina do Sul considerou Fort Sumter uma ocupação indesejável. A milícia da Carolina do Sul procedeu ao cerco. Em 12 de abril, eles dispararam o primeiro tiro contra o forte e continuaram a atirar até a rendição. Nos dias seguintes, Virgínia, Arkansas, Tennessee e Carolina do Norte se juntaram aos Estados Confederados. Os seguintes estados se seccionaram cronologicamente.

- Carolina do Sul (20 de dezembro de 1860)
- Mississippi (9 de janeiro de 1861)
- Flórida (10 de janeiro de 1861)
- Alabama (11 de janeiro de 1861)
- Geórgia (19 de janeiro de 1861)
- Louisiana (26 de janeiro de 1861)
- Texas (1 de fevereiro de 1861)
- Virgínia (17 de abril de 1861)
- Arkansas (6 de maio de 1861)
- Tennessee (7 de maio de 1861)

- Carolina do Norte (21 de maio de 1861)

Nem todos os estados escravos aderiram à Confederação. Alguns estados na fronteira Norte-Sul não aderiram, pois o cultivo de tabaco diminuiu devido à erosão do solo e a escravidão declinou sua importância ali. Missouri e Kentucky tinham dois governos separados: um da União e outro da Confederação. A Virgínia Ocidental se separou da Virgínia e foi formalmente admitida na União como um estado separado em 20 de junho de 1863.

Houve motins anti-União em Maryland, inclusive na maior cidade, Baltimore. Lincoln tinha enviado tropas do norte e a lei marcial tinha sido declarada e os mais proeminentes defensores da secessão tinham sido presos, tornando impossível para o estado aderir à Confederação.

Delaware permaneceu com a União, mas em 18 de fevereiro de 1865, pouco antes da rendição da Confederação, Delaware votou contra a abolição da escravidão. Foi somente em 12 de fevereiro de 1901 que este Estado ratificou a 13ª Emenda à Constituição.

Pontos fortes e fracos

Os estados em oposição eram 11 estados com uma população de 9 milhões (dos quais 4 milhões eram escravos) e 23 estados com uma população de 22 milhões. O Norte não só era numericamente mais forte, mas também tinha as vantagens da indústria e de uma frota que bloqueava os portos do Sul. O Sul tinha melhores forças armadas e contava com apoio inglês e francês. Os governos francês e inglês eram a favor do Sul, mas abertamente não tomaram partido, porque a opinião pública era voltada para o Norte.

A Inglaterra dependia para sua indústria e população do fornecimento de algodão do Sul e grãos do Norte e permaneceu oficialmente neutra. Em particular, a Inglaterra apoiava o Sul fornecendo, tripulando e armando os navios corsários Alabama, Flórida, Geórgia e Shenandoah. Os nortenhos ficaram indignados com a conduta da Inglaterra. Faltavam inicialmente bons líderes militares a Lincoln, o que o levou a sofrer derrota após derrota durante os dois primeiros anos. Isso explica, simultaneamente, a longa duração da guerra.

Secessionismo

O secessionismo - o movimento de secessão - não foi levado por todo o Sul.

Sam Houston, o governador que conduziu o Texas à União, chamou a secessão de seu estado de secessão o dia mais triste de sua vida. Ele se demitiu e deixou a política. O Tennessee Ocidental também resistiu à secessão. Os condados mais distantes do Winston County e do norte da Virgínia foram. Eles se separaram e em 1863 os condados da Virgínia do Norte aderiram à União como o estado da Virgínia Ocidental.

Sentimento Anti-Guerra

Com o tempo, o sentimento anti-guerra cresceu no Norte. Começou quando a União se saiu mal, e as mortes se amontoaram sem resultados. Entre 1862 e 1864, houve protestos de guerra na União e apelos para que o Sul fosse embora. O fato de que havia muitas pessoas vivendo no Norte que não se opunham à escravidão e queriam impedir a libertação de escravos por medo de seus empregos às vezes piorou a situação, culminando com as revoltas em Nova York no distrito de Five Points. Os norteistas mais brandos que buscavam uma solução pacífica eram chamados de "Copperheads".

Expectativa

A expectativa no Norte era de que uma grande e sangrenta batalha terminaria a guerra em noventa dias. Essa batalha tornou-se a Primeira Batalha de Bull Run, em 21 de julho de 1861. Os nortenhos, sob o Major General Irvin McDowell, começaram energicamente contra as forças dos generais do Sul Joseph E. Johnston e P.G.T. Beauregard.

Durante toda a manhã, a previsão de 90 dias parecia realista. Ao meio-dia, Beauregard atraiu os nortenhos para uma armadilha e tomou a iniciativa. Ao final do dia, os nortenhos fugiram para Washington D.C., e ficou claro que a guerra seria longa. O Sul comemorou a vitória mudando a capital para o recém-aderido estado da Virgínia, para Richmond, perto da fronteira com o Norte. Lá, assustados e temendo que ainda mais estados deixariam a União, eles aprovaram a Resolução Crittenden-Johnson em 25 de julho que confirmou o mantra de Lincoln: a guerra era para preservar a União, não para acabar com a escravidão.

O Plano Anaconda

Após a perda em Bull Run, Lincoln mudou para o planejamento de uma longa guerra. Seu olho caiu sobre um plano do Major General Winfield Scott: o Plano Anaconda. Isto envolveu o cerco do Sul e seu fechamento para o resto do mundo. Scott era mais realista do que os patriotas do Sul que falavam de lutas heróicas pela liberdade. Scott sabia que o Sul não poderia sobreviver sem linhas de abastecimento. Seu plano Anaconda consistia em conquistar o curso dos rios Mississippi e Tennessee, bloqueando os portos marítimos do Sul para tomar Richmond após o enfraquecimento. O plano foi amplamente aceito, e sua implementação começou no início de 1862.

Até a rendição de Robert E. Lee em 1865 e o fim da guerra, este plano continuou sendo o princípio orientador de tudo o que o Norte fez. Apesar da eficácia do bloqueio, a Confederação com o General Josiah Gorgas da Pensilvânia conseguiu fornecer a seus exércitos armas e munições durante a guerra. Para executar o plano, o Exército dos Estados Unidos se dividiu em um Exército Ocidental sob o General H.W. Halleck e um enorme Exército Oriental, o Exército do Potomac 500.000 homens em tamanho.

A Frente Leste até 1863

O Comando foi concedido ao General George B. McClellan. Ele se preparou para lutar através do Rio Potomac contra Robert E. Lee e seu novo Exército da Virgínia do Norte e avançar em direção a Richmond.

O treinamento de George B. McClellan foi notável e famoso, seu comando no campo menos. Ele permaneceu por meses antes de subir no verão de 1862. Então ele se deixou enganar por P.G.T. Beauregard, que o convenceu com um ardil de que sua divisão era enorme. Levou semanas para McClellan contornar e chegar a Richmond. Lá Lee e seu exército em plena força o esperavam. O Exército do Potomac foi espetacularmente derrotado por Lee. Grande parte da força de McClellan foi colocada sob o comando do General John Pope - que sofreu uma derrota esmagadora na Segunda Batalha de Bull Run, em agosto de 1862.

Cronologia da Guerra Civil

1861

- **Janeiro de 1861:** *Carolina do Sul, Mississippi, Flórida, Alabama, Geórgia, Louisiana e Texas se retiram da União.*
- **Fevereiro de 1861:** *Os sulistas estabelecem um governo e escrevem uma constituição.*
- **Abril de 1861:** *Virgínia, Arkansas, Carolina do Norte e Tennessee deixam a União.*
- **12 de abril de 1861:** *Ataque a Fort Sumter.*
- **21 de julho de 1861:** *Batalha de Bull Run, primeira batalha.*

1862

- **Março de 1862: O** *primeiro encontro entre dois grupos se transforma em um impasse.*

- **Maio-Agosto de 1862:** *O General George McCellan lidera a Campanha dos Unionistas na Península, na Virgínia.*
- **Setembro de 1862:** *16.000 são mortos na Batalha de Antietam; a União vence.*

1863

- **Janeiro de 1863:** *A Proclamação de Emancipação de Lincoln suprime a escravidão nos Estados Confederados. Cerca de 180.000 negros se alistam no exército da União.*
- **Março de 1863:** *A União estabelece o recrutamento de todos os homens brancos até os 45 anos de idade. Aqueles que podem contratar um deputado ou pagar US$ 300 escapam do alistamento. Isto leva a motins de recrutamento em Nova York em 13 de julho.*
- **Maio de 1863:** *Na Batalha de Chancellorsville, 30.000 soldados são mortos, incluindo o lendário General Thomas Jackson. Sua morte foi um revés para a Confederação. Depois de ser ferido por um de seus próprios soldados, o General Lee disse: "Ele perdeu seu braço esquerdo, eu perdi meu braço direito". Então os Unionistas atravessaram o Mississippi e cercaram os Confederados ao redor de Vicksburg. A rendição deles lhes deu o controle do rio.*
- **Julho de 1863:** *O General George Meade é vitorioso na Batalha de Gettysburg. A batalha é considerada a maior batalha desta guerra.*
- **21 de agosto de 1863:** *Massacre em Lawrence (Kansas), por William Quantrill.*
- **Novembro de 1863:** *Vitória da União na batalha de Chattanooga, Tennessee.*
- **19 de novembro de 1863:** *Lincoln faz um breve discurso memorável de 266 palavras, o Discurso de Gettysburg na dedicação do Cemitério Nacional do Soldado em Gettysburg, Pennsylvania.*

1864

- **Junho de 1864:** *Lincoln envia Grant para o leste como comandante-chefe.*
- **Setembro de 1864:** *Sherman toma Atlanta.*

1865

- **Abril de 1865:** *Lee se rende em Appomattox e assina o fim oficial da guerra.*
- **14 de abril de 1865:** *O patriota sulista John Wilkes Booth assassina Lincoln. Depois disso, Andrew Johnson torna-se o 17o. presidente.*
- **26 de abril de 1865:** *Booth é encontrado em um celeiro de tabaco e morto.*
- **13 de maio de 1865:** *Batalha do Rancho Palmito, Texas.*

Os chamados "Códigos Negros" restringem os direitos dos ex-escravos no Sul.

Galeria Batalhas e Combate.

A "Reconstrução Radical" de 1866 a 1873, com o Congresso votando a favor da Décima Quarta e Décima Quinta Emendas, dando aos ex-escravos direitos civis e o direito de voto. A 'Lei de Reconstrução Militar' de 1867 dividiu o Sul em cinco distritos, governados por um general. Os estados desses distritos absorveram a União em 1868 e 1870.

A "Redenção" entre 1873 e 1877, quando os sulistas extremamente racistas recuperaram o controle de seu Sul e derrotaram os republicanos de lá. Após dez anos, os Estados do Sul aproveitaram a controvérsia em torno da eleição presidencial de Rutherford B. Hayes para se livrar da Reconstrução e reverter a democratização.

A Relação Norte-Sul

A guerra teve efeitos profundos na América. Mesmo agora, os sulistas se sentem prejudicados pela Reconstrução imposta após a liberdade dos escravos. As contradições anteriores à guerra não foram resolvidas, mas aliviadas por novas variações. O centro de gravidade político, econômico e industrial do país permaneceu no Norte. A migração de brancos e negros para o Norte permaneceu. Inicialmente, eles migraram para os matadouros de Chicago para trabalhar na indústria de processamento de gado na era dos cowboys de 1870 a 1900, mais tarde, eles vagaram em direção a Detroit para a indústria automobilística.

A Califórnia e Nova Iorque também atraíram pessoas. Os Estados do Sul caíram em declínio ou permaneceram presos na economia agrária que continuava a distribuir a riqueza de forma injusta. Os proprietários de plantações foram à falência por incapacidade de transição para o trabalho sem escravos. Ao mesmo tempo, as cidades entraram em declínio.

No Norte, os edifícios se ergueram de pedra e depois de aço; no Sul, tudo foi construído apressadamente a partir de madeira que sofria com o tempo, porque a manutenção era insustentável. Atlanta, que tinha sido destruída por Sherman, foi reconstruída, mas escorregou para um lugarejo.

Nova Orleans manteve alguma grandiosidade como cidade portuária, Richmond tornou-se uma capital mineira e não a metrópole de antes. No Texas, as coisas melhoraram quando o petróleo foi encontrado lá. Os direitos dos estados, assim insistidos pelo Sul, deram lugar ao poder federal com a ratificação da Décima Segunda Emenda em 1865 e com uma emenda sobre o imposto de renda federal em 1916.

A influência diminuída se refletiu no Congresso e na Casa Branca - durante quase oitenta anos todas as pessoas proeminentes vieram do Norte ou do Oeste. Os Estados Unidos haviam mudado de uma confederação de estados para um estado federal.

Abraham Lincoln

Tanto em público quanto em privado, Lincoln fez saber que achava que a escravidão era imoral, mas também sentiu que pouco poderia ser feito a respeito sem emendas constitucionais.

A abolição da escravidão era uma questão política. Mesmo antes da guerra, Lincoln havia declarado em um discurso que acreditava que a União não poderia permanecer dividida sobre a questão da escravidão. A "casa dividida" americana ("Casa dividida") não podia permanecer no lugar. Não cairia, argumentou ele, mas deixaria de estar dividida e se tornaria totalmente escrava ou totalmente livre.

No que diz respeito à Guerra Civil, o objetivo de Lincoln era assegurar a União e acabar com a rebelião do Sul. Abolir a escravidão não era um objetivo militar quando a guerra irrompeu, mas só se tornou um após Lincoln, através da Proclamação de Emancipação de 1862, ter declarado escravos em estados rebeldes "para sempre livres".

Havia três correntes dentro do partido republicano de Lincoln:

Os radicais, que queriam emancipar os escravos,

Os conservadores, que esperavam a abolição porque estavam convencidos de que os negros eram inferiores e que sua presença na América não era desejável. Eles associaram sua busca pela abolição ao seu retorno à África. O estado da Libéria tem suas origens por causa disso.

Os moderados, como Lincoln, que abominavam a escravidão, mas temiam as conseqüências da emancipação. A visão de Lincoln mudou gradualmente em 1862. Em 13 de março, os fugitivos ou "contrabandistas" foram proibidos de serem devolvidos de um ponto de vista militar. A proposta de Lincoln de compensar os proprietários de escravos nos estados fronteiriços pela libertação de escravos foi rejeitada em 12 de julho de 1862.

O argumento para a abolição da escravidão tornou-se a apreensão de recursos inimigos por necessidade militar. Os quatro milhões de escravos foram importantes para o esforço de guerra. Devemos libertar os escravos ou ser nós mesmos subjugados, soava a isso.

Não intencionalmente, Lincoln tornou-se um ícone do abolicionismo. Para os negros libertados, ele era quase considerado um santo.

Isto foi reforçado por seu plano de reconstrução e pela reintegração (Reconstrução) do Sul. O fato de ele ter sido assassinado (oito meses antes da ratificação de sua emenda) contribuiu para a imagem do presidente visionário.

Cronologia do rescaldo da Guerra Civil

- **1866:** *O Congresso vota para aprovar a Lei dos Direitos Civis em resposta aos Códigos Negros do Sul.*
- *Os veteranos estabelecem a Ku Klux Klan. Os chamados "Códigos Negros" do Sul continuam a cercear os direitos dos ex-escravos.*
- **1867:** *Em resposta aos "Códigos Negros", o governo responde com as "Atas de Reconstrução" que colocam os estados do Sul sob domínio militar e os forçam a conceder direitos aos negros.*
- **1868:** *A Décima Quarta Emenda concede direitos civis aos escravos.*
- **1870:** *A Décima Quinta Emenda dá aos ex-escravos o direito de voto.*
- **1876:** *As leis Jim Crow revertem as leis anti-discriminatórias da Reconstrução.*

Um novo tipo de guerra

O significado desta guerra é importante não apenas do ponto de vista sócio-político para suas conseqüências. A Guerra Civil também marca uma virada histórica em termos militares-industriais porque marca a transição de uma luta agrária, para uma guerra industrial. Nesta guerra, a tecnologia mudou de tática.

Construção de Armas

A construção de armas melhorou a dissipação de calor, a recarga e a precisão. Em 1863, a União introduziu a "bala Minié". Este tipo de bala francesa girava e, portanto, era mais estável e precisa. Fabricantes como a Colt e Winchester projetaram carregadores múltiplos com até quinze cartuchos de cada vez. Soldados confederados disseram que os nortenhos podiam carregar nas segundas-feiras e continuar atirando durante toda a semana.

A pistola Gatling foi uma precursora da metralhadora.

A introdução do trem permitiu que as armas pesadas fossem transportadas rapidamente. Especial foi a introdução dos Ironclads, os primeiros navios de guerra a vapor de ferro.

Embora várias marinhas já estivessem fazendo experiências com navios de ferro, os americanos foram os primeiros a usar motores a vapor para a propulsão.

Famoso é o navio Union Monitor USS, um navio blindado com ferro sobre o casco de carvalho com a primeira torre de armas. Este navio entregou a primeira batalha entre dois navios revestidos de ferro em 8 e 9 de março de 1862 com o CSS Virginia e venceu por pouco. Isto tornou todas as frotas do mundo obsoletas.

Trem e telégrafo

A modernização da guerra não se deu apenas em combate direto. O contexto também estava mudando em torno do campo de batalha. Para chegar à Primeira Batalha de Bull Run no início da guerra (1861), os homens marcharam para o campo de batalha e os oficiais vieram a cavalo. Carruagens cobertas, cavalos ou mulas carregavam armas com dificuldade.

Mais tarde, as linhas ferroviárias do Sul se tornaram alvos das tropas do Norte, o que atrasou e cansou os exércitos do Sul. Seus oponentes se mantiveram em forma graças ao trem que transportava rações, armas, munições e armas pesadas. Um efeito colateral foi que a moral do Norte permaneceu razoável no final da guerra, especialmente entre os exércitos de Grant e Sherman, enquanto a moral do Sul desmoronou depois de 1863.

Outra vantagem do trem era que os feridos recebiam melhores cuidados médicos: os médicos podiam chegar mais facilmente à sua direção, os feridos eram descartados mais rapidamente. Além disso, o telégrafo tornou possível o planejamento remoto. Se Grant fez algo, Lincoln soube disso no dia seguinte. Além das reportagens militares, os jornalistas relataram: pela primeira vez, as pessoas sabiam diariamente o que estava acontecendo e quem estava morrendo.

Guerra nas Cidades

Outro novo desenvolvimento foi a chegada de milícias guerrilheiras como os Bushwhackers do sul e os Jayhawkers do norte, bem como a guerra na cidade: embora as cidades tivessem sido sitiadas anteriormente, a Guerra Civil assistiu ao primeiro bombardeio de cidades e combates. A escala aumentaria na Primeira Guerra Mundial.

A guerra urbana foi uma consequência da "guerra total" de Grant e Sherman. Militarmente, o Norte havia vencido, mas o Sul não estava desistindo. Não só o poder militar do adversário tinha que romper, mas tudo o que sustentava esse poder: infra-estrutura, cidades e os cidadãos. Na Guerra Civil, pela primeira vez, os civis foram aterrorizados em massa para forçar o inimigo a se render. Desde então, a tática tem sido proibida pela Convenção de Genebra.

A relação branco-negro

Após a Guerra Civil, o Congresso e os Estados aprovaram a 13ª Emenda à Constituição, abolindo a escravidão. Embora os negros não pudessem mais ser forçados a trabalhar, não lhes foi permitido fazer parte da sociedade do Sul.

Sua vida diária tornou-se mais difícil do que antes da guerra: os negros não podiam ter contato com os brancos e só podiam trabalhar para os brancos. Eles foram impedidos de falar e votar politicamente pelo imposto de votação e mais tarde, quando este se tornou inconstitucional, pela discriminatória "legislação Jim Crow". Este sistema estendia a segregação racial no Sul, no qual as duas "raças" viviam separadamente: separadamente em restaurantes e mais tarde em ônibus, banheiros diferentes, bebedouros, elevadores, lojas, escolas, bairros.

Esta situação durou até os anos 60, quando tudo mudou surpreendentemente. Nessa década, o Movimento dos Direitos Civis decolou e iniciou um rejuvenescimento econômico e o florescimento da área impulsionado pela economia da época. Lyndon B. Johnson tornou-se o primeiro presidente sulista em quase 100 anos. A mudança subseqüente durou até cerca de 1985.

Embora a discriminação seja uma ocorrência regular no Sul, hoje o nível é comparável ao do resto do país. O Ku Klux Klan também está em declínio no Sul. Texas, Virgínia, Tennessee, Flórida e Geórgia estão entre os estados mais ricos; Atlanta é uma metrópole e lar da Coca-Cola e da CNN. A partir de 1964, havia mais presidentes do Sul do que de qualquer outra região.

Parte 3: Sociedade pós-escravidão e segregação

Capítulo 1: A segregação pós-guerra

Desde a Guerra Civil americana até o final dos anos 60, os afro-americanos nos Estados Unidos eram sistematicamente segregados dos europeus americanos. Esta segregação racial, mais pronunciada nos antigos Estados Confederados da América, existia de fato durante a escravidão, quando cada um dos Estados tinha seu próprio código de escravidão Após a Guerra Civil Americana, os Códigos Negros os substituíram, e após a Reconstrução, as leis Jim Crow deveriam perpetuar a segregação.

Embora essas leis fossem contra a proibição de discriminação na Constituição dos EUA, elas se mantiveram por muito tempo por causa da doutrina separada, mas igualitária. Sob esta doutrina, coisas como moradia, assistência médica, educação, emprego e transporte eram permitidas segregadas por raça, desde que fossem do mesmo padrão para cada raça.

Na prática, as instalações para os afro-americanos quase sempre se revelaram piores. Sinais foram usados para indicar o que lhes era permitido usar.

A história da segregação

Com as quatro Atas de Reconstrução de 1867 e 1868, foram estabelecidas as condições para que os estados do Sul aderissem de novo à União. Uma das condições foi a assinatura da Décima Quarta Emenda à Constituição dos Estados Unidos. Ela continha a disposição de que cada pessoa dentro do território deveria ser tratada como igual perante a lei. A Décima Quinta Emenda à Constituição dos Estados Unidos de 1870 proibia os estados de privar os cidadãos do direito de voto com base em raça, cor e status anterior de subjugado. Sob o Partido Republicano - então o partido que se opunha à escravidão - houve um breve período liberal e progressivo durante a Reconstrução.

Os carpetbaggers eram republicanos que se mudaram do norte para o sul e tomaram o poder lá. Inicialmente eles eram apoiados por republicanos do sul ou escalawags, mas durante a década de 1870 eles mudaram em sua maioria para os democratas do sul. Estes Redentores representavam os interesses da antiga aristocracia da plantação e usavam seu poder econômico para aniquilar o Partido Republicano no sul.

Isto incluiu a forte violência de organizações terroristas como os Cavaleiros da Camélia Branca e a Ku Klux Klan mais subterrânea. A Liga Branca assassinou quatro membros da família de Marshall H. Twitchell, entre outros, durante o Massacre de Coushatta de 1874, e os Camisas Vermelhas, liderados pelo senador Benjamin Tillman, provocaram tumultos raciais, como no Massacre de Hamburgo de 1876.

Os linchamentos da maioria dos afro-americanos também ocorreram com freqüência, menos de 1% dos quais resultaram em condenações após 1900. O historiador Joel Williamson chamou isto de o período de racismo radical. Como senador, Tillman chegou a articular esta vontade de linchamento no Congresso dos Estados Unidos em 1900.

Além dessas atrocidades, as leis Jim Crow restringiram cada vez mais os direitos democráticos dos afro-americanos. Em partes do Sul onde os afro-americanos eram a maioria, foram impostos requisitos adicionais para o sufrágio, tais como o nível de instrução. A perda do sufrágio também excluiu os afro-americanos do cargo de jurado, resultando em jurados totalmente brancos. Houve também uma proibição de casamentos mistos em muitos estados.

O compromisso de 1877 marcou o início da redução da resistência liberal do norte à discriminação. Isto permitiu que os Redentores aumentassem sua influência, enquanto o norte perdia o interesse na Reconstrução. A conquista das Filipinas de 1899-1902 sob a liderança republicana desencadeou um imperialismo americano que, segundo o senador Tillman, levaria os republicanos a engolir suas críticas à segregação do sul. Dentro do Partido Republicano, a influência da facção de negros e brancos também seria diminuída pelo movimento dos lírio-brancos.

Cerca de 90% dos afro-americanos viviam no Sul e sua perda do sufrágio criou o Sul Sólido, os estados sulistas com direito a voto lealmente democratas. As eleições presidenciais americanas de 1912 completaram este processo quando Woodrow Wilson se tornou o primeiro presidente do Sul desde a Guerra Civil. Sob ele, a segregação racial também foi implementada nas instituições federais. Ele começou a segregar empregos federais a pedido de seu gabinete em 1913.

Ainda sob os republicanos, um sistema de escolas públicas havia sido estabelecido no Sul que permitia o acesso dos afro-americanos também à educação. A integração não era primordial, e assim foi criado um sistema escolar informalmente segregado. Quando os democratas chegaram ao poder, o orçamento para isso foi cortado. As leis Jim Crow foram perpetuadas pela decisão de 1896 no processo Plessy vs Ferguson, que estabeleceu a doutrina separada, mas igualitária. No Norte, embora estas leis não tenham sido promulgadas, foi criada a segregação de fato com escolas separadas. Na verdade, seria melhor para os afro-americanos receberem uma escolaridade separada. Nem sempre foi o caso de leis que formalizassem as práticas existentes. Por exemplo, algumas empresas de bondes resistiram durante muito tempo ao transporte segregado.

O ódio no Sul contra os negros foi tal que chocou o político sul-africano e defensor da segregação Maurice Smethurst Evans. De acordo com Evans, embora o preconceito racial fosse justificado, ele achou dolorosa a hostilidade dos brancos contra os negros nos estados da América do Sul. Ao mesmo tempo, muitos sul-americanos brancos tinham uma atitude duplicada, pois dependiam de sua mão-de-obra barata apesar de sua grande antipatia para com os afro-americanos. Isto se refletia nas cidades ao entardecer, onde os negros não podiam ficar após o pôr-do-sol.

A Primeira Guerra Mundial teve o efeito de criar um impulso no norte, além do impulso das leis Jim Crow no sul. Aqui, devido à redução da migração da Europa e ao aumento da demanda devido à guerra, a escassez de mão-de-obra nas cidades industriais cresceu, resultando na grande migração afro-americana. Uma nova consciência cresceu entre a população afro-americana, com soldados negros retornando da Europa e não sendo agradecidos por isso, mas recebendo uma recepção odiosa. No Norte, o Harlem Renaissance foi acompanhado pelo estiloso Novo Negro, enquanto Marcus Garvey iniciou a Associação Nacional para o Progresso das Pessoas de Cor (NAACP) e o movimento de Volta à África.

No Norte, ficou assim cada vez mais claro que o negro feliz era uma caricatura de rosto negro. Ao mesmo tempo, com o Garveyism veio uma postura mais militante que defendia sua própria segregação e assim até se juntou ao Ku Klux Klan, causando distância com ativistas como W.E.B. Du Bois que buscavam mais integração.

Com a chegada ao norte, aqueles afro-americanos recuperaram o direito de voto e, especialmente, encontraram ali filiação com o Partido Democrata. Os democratas do sul, entretanto, persistiram por muito tempo em sua política de superioridade branca.

No norte, no entanto, a migração também não foi suave. A chegada de um grande número de afro-americanos nas cidades do norte e do oeste desencadeou uma nova segregação, desta vez econômica. Dos habitantes das cidades brancas, uma grande proporção se mudou para os subúrbios e subúrbios, o vôo dos brancos. Além disso, a grande oferta de mão-de-obra barata foi vista como uma ameaça pela classe trabalhadora branca, em sua maioria migrantes recentes de áreas atrasadas na Europa.

Para o Sul, o desaparecimento de grande parte da população negra era um dilema. Por um lado, estes haviam sido tratados com grande hostilidade, portanto, inicialmente a migração foi bem recebida. Entretanto, com o aumento dos números, surgiu um problema para uma economia baseada nesta mão-de-obra barata. A partir daí, foram lançadas iniciativas para deter a migração. Quando os aumentos salariais e as melhorias nas condições não ajudaram, foram feitas tentativas para impedir a capacidade dos afro-americanos de viajar.

O senador Narciso Gênero Gonzales da Carolina do Sul resumiu anteriormente o dilema como:

Politicamente falando, há muitos negros na Carolina do Sul, mas do ponto de vista industrial há espaço para muitos mais.

Após a Segunda Guerra Mundial, houve uma percepção crescente de que o tratamento dos afro-americanos tinha paralelos com o anti-semitismo alemão e que esta situação tinha que ser alinhada com os ideais proclamados como um farol de liberdade antes que uma verdadeira liderança internacional fosse possível. Por exemplo, a Comissão de Estudo da Organização da Paz (CSOP) escreveu:

Podemos ser castigados pela rejeição de Wilson em Paris do princípio da igualdade racial - uma rejeição que amargou o mundo oriental. A situação cancerosa dos negros em nosso país dá forragem para a propaganda inimiga e faz com que nossos ideais fiquem como pão seco na garganta. No anti-semitismo, somos um espelho das mágoas nazistas.

Estes lemas em nosso próprio olho não devem ser passados para segundo plano. Existe, porém, uma grande diferença entre uma política governamental de perseguição, como na Alemanha, e costumes atrasados que ainda não foram quebrados na roda de uma política legal que os proíbe.

Não podemos adiar a liderança internacional até que nossa própria casa esteja completamente em ordem. Também não podemos esperar que as nações concordem que suas próprias casas sejam colocadas em ordem pela intervenção direta de agências internacionais. Temos apenas que considerar as dificuldades que qualquer curso desse tipo encontraria em nosso próprio país ou em outros países. Através da repulsa contra as doutrinas nazistas, podemos, no entanto, esperar acelerar o processo de colocar nossas próprias práticas em cada nação mais em conformidade com nossos ideais professados.

De fato, a União Soviética fez uso disso em resposta às críticas sobre as violações dos direitos humanos na União Soviética. Essa crítica foi feita a partir da década de 1930 com referências às violações dos direitos humanos nos Estados Unidos com as palavras *"e vocês estão linchando os negros"*. "A Guerra Fria e a descolonização tornaram ainda mais desejável ganhar os corações e mentes dos países em desenvolvimento desta forma.

Os militares americanos sempre foram racialmente segregados, desde sua criação durante a Revolução Americana (1765 - 1783) até a emissão pelo Presidente Truman de sua Ordem Executiva 9981 após a Segunda Guerra Mundial, em 1948.

As últimas formas formais de segregação racial nos militares desapareceram no final da Guerra da Coréia (1950 - 1954).

(Assine no Sojourner Truth Homes, Detroit protestando contra os residentes negros em 1942).

Junto com a pressão estrangeira, o movimento de direitos civis afro-americanos surgiu na década de 1950. Com Brown v. Conselho de Educação, embora a segregação nas escolas públicas tenha sido abolida em 1954, seria preciso até 1967 para que todas as leis Jim Crow fossem revertidas.

Por um lado, o movimento consistiu em protestos não violentos e desobediência civil, como o boicote aos ônibus de Montgomery após a prisão de Rosa Parks em 1955, a concentração de Greensboro em 1960 e a marcha de 1963 em Washington. Por outro lado, o protesto foi acompanhado de anos de motins raciais, começando com os motins raciais do Harlem em 1964 e com os motins do Watts em 1965.

Durante o longo verão quente de 1967, o Chefe de Polícia Walter E. Headley fez a declaração quando os saques começaram, o tiroteio começou. O assassinato de Martin Luther King Jr. em 1968 foi seguido dos piores tumultos desde a Guerra Civil.

A Lei dos Direitos Civis de 1964 aboliu a segregação em locais públicos, enquanto a Lei dos Direitos de Voto de 1965 restabeleceu o direito de voto e Loving v. Virginia de 1967 anulou as proibições de casamentos mistos. O que levou tanto tempo foi em parte porque a dessegregação estava associada ao comunismo durante o tempo do McCarthyismo, mas principalmente por causa do racismo profundo entre os segregacionistas brancos e o medo de perder privilégios, como personificado pelo Governador George Wallace do Alabama. A verdadeira integração, portanto, não estava completa em 1967, mas estava apenas começando.

Capítulo 2: O Ku Klux Klan

A Ku Klux Klan originou-se em Pulaski, Tennessee em 1865 ou 1866 como um clube local. De acordo com o escritor Wyn Craig Wade, a organização começou como uma brincadeira de seis soldados desempregados retornando da Guerra Civil americana. Eles se vestiam de fantasmas a cavalo. Logo eles começaram a aterrorizar a população negra recém-libertada da escravidão. Em grandes partes do Tennessee, seu exemplo foi emulado e capítulos do KKK foram formados.

O Presidente Andrew Johnson perdoou os líderes sulistas da antiga Confederação derrotada a partir de maio de 1865, após o que os estados sulistas promulgaram leis fortemente discriminatórias contra os negros (códigos negros). Isto praticamente reverteu a libertação dos escravos. O Congresso dos EUA anulou essas leis em dezembro de 1865 e decidiu prosseguir com a Reconstrução (reforma forçada) da maioria dos estados do Sul.

A partir daí, a KKK rapidamente se tornou uma organização secreta que se opôs a esta Reconstrução com todas as suas forças. Na época, o Klan concentrou-se principalmente em ameaçar e intimidar os "escravos libertados", os chamados Libertos, para que renunciassem a seus direitos recém-adquiridos. Em 1868, o Klan ganhou destaque nacional quando apoiadores assassinaram um grande número de eleitores - negros - republicanos no período que antecedeu a eleição. Tanto a liderança nacional Klan quanto a elite sulista se distanciaram desses linchamentos. Em 1871, o Congresso dos EUA aprovou a Lei dos Direitos Civis (também conhecida como Lei Ku Klux Klan), após a qual o Presidente Ulysses S. Grant reprimiu a Klan no Sul em algumas áreas (Carolina do Norte).

Centenas de Klansmen foram presos, mas devido à capacidade insuficiente, apenas uma pequena parte foi condenada. Em 1875, portanto, este primeiro Klan tinha sido completamente dissolvido. O governo federal americano havia desistido de proteger os direitos civis dos negros, para que nos estados do sul os negros pudessem ser aterrorizados abertamente: nenhuma organização secreta era mais necessária. Passariam quase cem anos até que os negros no Sul pudessem exercer seu direito de voto. Após Grant, somente o Presidente Kennedy teve um interesse renovado nos direitos civis da população negra.

O primeiro Klan foi muito bem organizado localmente (mas não nacionalmente), como mostra o relatório do Senado durante a presidência de Grant. Devido à sua estrutura como um grupo secreto invisível, não existem dados sobre a filiação. O Klan era, entretanto, extremamente popular no Sul, especialmente por causa de sua reputação como o último remanescente do Velho Sul.

William Joseph Simmons fundou a segunda Ku Klux Klan em 1915. Este Klan tinha objetivos completamente diferentes do antigo Klan, mas usava exatamente o mesmo nome e símbolos. O Simmons Klan cresceu rapidamente nos anos 1920 e em seu auge tinha mais de 5 milhões de membros espalhados por todos os estados do Sul e Centro-Oeste. Este Klan queria manter a hegemonia moral do protestantismo branco a todo custo e, portanto, lutou contra todos os pecadores, como negros, católicos e judeus. Em 4 de julho de 1923, a maior reunião de sempre da Ku Klux Klan aconteceu no Parque Malfalfa em Kokomo. Em 1928, este Klan também foi dissolvido, embora muitas seções permanecessem ativas por um longo tempo.

Nas décadas de 1930 e 1940, os capítulos Klan restantes optaram por apoiar maciçamente os nazistas na Alemanha e se aliaram ao Bund alemão-americano. Como resultado, o Klan perdeu seu caráter patriótico e, consequentemente, sua popularidade entre a população branca.

Somente durante a crise de segregação nos anos 60 é que o Klan teve uma ressurreição final bem-sucedida, mas novamente caiu em descrédito devido a uma variedade de ataques sangrentos e escândalos internos.

Hoje existem dezenas de organizações - tanto nos Estados Unidos como no exterior - que fingem ser os herdeiros da Ku Klux Klan e também adotaram seus símbolos. No entanto, estima-se que seu total de membros seja de apenas alguns milhares. A maioria desses novos substitutos da Klan consiste em neonazistas convictos.

Emancipação do povo negro

Nos anos 50, surgiu um primeiro grande problema para o Klan, a saber, a emancipação de suas velhas vítimas, que de repente se mostraram capazes de ripostar. O povo negro não mais ficou parado e também começou a se unir em vigilantes e milícias de proteção.

Em 1958, chegou até a um encontro armado no Dakota do Norte entre a Ku Klux Klan - que organizou um encontro noturno - e a população nativa Lumbee. Esta briga entrou para a história como a Batalha de Hayes Pond e causou uma crise de identidade entre os Klansmen.

Em 1966, o pregador negro Stokely Carmichael iniciou um tour por todo o Mississippi para se dirigir à comunidade afro-americana em todos os lugares. Ele pregou a doutrina do Poder Negro, que mais tarde formou a base do movimento do Partido Pantera Negra. Ele argumentou que só se podia combater a agressão dos brancos esperando invariavelmente o Klan com uma arma apontada. As aplicações desta doutrina tiveram grandes implicações para o Ku Klux Klan.

Nos anos 60, a Ku Klux Klan encontrou um novo fôlego ao reformar-se e, a partir de agora, concentrar-se na agressão armada contra o movimento de direitos civis afro-americano. Os exemplos mais famosos foram a explosão de uma igreja no Alabama onde ativistas negros de direitos civis se reuniam em 1963, o assassinato de três ativistas de direitos civis em Meridian em 1964, e o assassinato da ativista de direitos civis Viola Liuzzo em 1964. Em 1964, o Congresso aprovou a Lei de Direitos Civis, pondo um fim definitivo à segregação nos Estados do Sul.

Infiltração e violência

Em 1964, o Bureau Federal de Investigação iniciou o programa COINTELPRO, que consistia em infiltrar-se no Klan na tentativa de quebrá-lo a partir de dentro. Este programa do FBI envolveu não apenas a Ku Klux Klan, mas também quaisquer outros indivíduos e organizações que pudessem perturbar o processo de emancipação. No lado direito do espectro, este era principalmente o KKK, enquanto no lado esquerdo era principalmente o movimento Weathermen que era visado.

Até mesmo a organização amante da paz de Martin Luther King, a Conferência de Liderança Cristã do Sul, foi vítima da COINTELPRO. De fato, o programa conseguiu desenraizar o Klan e aumentar as lutas internas. Dentro da Klan, todos foram repentinamente desprezados e suspeitados como um potencial infiltrado do FBI, paralisando a organização internamente. O mais famoso infiltrado do FBI na Klan foi Bill Wilkinson, que até conseguiu chegar ao líder da Klan.

Nos anos 70, a Ku Klux Klan enfrentou dois novos desafios, especificamente o fenômeno da dessegregação prática e a imigração em massa. Para evitar que as leis de dessegregação permanecessem uma casca vazia, o governo dos EUA recorreu ao ônibus de dessegregação ou ao ônibus forçado, pegando crianças negras com ônibus para deixá-las em escolas brancas. A Klan realizou vários ataques a esses ônibus.

O ataque mais famoso ocorreu em 1971 em Pontiac, Michigan, onde dez ônibus escolares foram explodidos simultaneamente em um depósito. O Klan - sob a liderança do carismático David Duke - também esteve ativamente envolvido na crise dos ônibus escolares do sul de Boston em 1974. Mais uma vez, especialmente na Califórnia, a Klan organizou seus próprios guardas de fronteira - liderados por Tom Metzger - contra o crescente fluxo de ilegais mexicanos.

Em 1979, o Massacre de Greensboro ocorreu na Carolina do Norte, no qual cinco membros do Partido dos Trabalhadores Comunistas foram mortos a tiros durante uma manifestação anti-Klan.

Durante este período, a oposição ao KKK também aumentou. Os carros do Klansmen foram alvejados, crianças negras riram dos homens mascarados. Praticamente todas as reuniões da Klan foram interrompidas por ações de milícias negras armadas. Cada manifestação da Klan foi recebida com contra-demonstrações e violência.

Em 1981, Michael Donald foi linchado pela Ku Klux Klan. Isto levou ao maior julgamento Klan já realizado, no qual o United Klans of America, um dos principais grupos de fragmentação da Klan, foi condenado e posteriormente à falência. Esta condenação levantou dúvidas dentro da Klan sobre sua própria vulnerabilidade e, doravante, tornou impossível qualquer hierarquia central rigorosa. Especialmente após a era David Duke, a KKK se dividirá em pequenos Klans independentes.

A Ku Klux Klan nos tempos atuais

O poder e a influência da Ku Klux Klan ainda são debatidos e discutidos com freqüência nos Estados Unidos. A mídia também desempenha um papel muito grande para manter vivo o mito KKK - que hoje se tornaria uma lenda urbana completa - referindo-se à Ku Klux Klan em todas as oportunidades.

Os julgamentos de Rodney King e Edgar Ray Killen e o assassinato de Timothy McVeigh em Oklahoma são apenas alguns exemplos. Além disso, a suposta ligação entre a Klan, a Sociedade John Birch e a Associação Nacional de Espingardas contribui para a perpetuação da lenda Klan para o desgosto de ambas as organizações.

Há muito pouca informação sobre o número de membros do atual Klans, assim como sobre suas finanças e influência real. A posição oficial do governo é de silêncio. Um Klan moderno não existe aos seus olhos. Em 2002, a Liga Anti-Defamação publicou um relatório sobre Extremismo na América que dizia Hoje, não existe o Ku Klux Klan. A fragmentação, a descentralização e o declínio continuaram sem parar.

Apesar disso, muitos pesquisadores ainda consideram a Klans a mais influente e poderosa organização de extrema-direita dos Estados Unidos e que ainda se diz estar presente logo abaixo da superfície. Especialmente nos estados do Sul, o Klan ainda pode realmente contar com a simpatia nostálgica, mas a marginalização do Klan contemporâneo pelo lixo do White Trailer Park Trash e pelos skinheads - que se tornaram o protótipo Klansmen - corrói ainda mais essa simpatia.

O último conhecido ex-Klansman ainda ativo na política nacional até recentemente foi Robert Byrd, um senador democrata da Virgínia Ocidental. Robert Byrd pediu desculpas publicamente por seus pecados juvenis e se distanciou do Klan em inúmeras ocasiões. Ele expressou seu profundo pesar por seu papel como Grande Ciclope e Kleagle (um Klansman responsável pelo recrutamento) com o Ku Klux Klan, bem como por suas declarações de 1958 - quando participou pela primeira vez das eleições para o Senado - nas quais ele glorificou o Klan e minimizou ou até mesmo negou totalmente todas as acusações. Byrd faleceu em junho de 2010.

Capítulo 3: Martin Luther King Jr.

King nasceu como neto e filho de ministros da Igreja Batista Ebenezer em Atlanta, no estado da Geórgia, no sul do estado. Ele logo descobriu que ainda havia muito preconceito contra os afro-americanos no Sul e queria mudar isso.

Seu desejo era fazer com que o povo mais escuro e o povo branco fossem iguais.

Após a morte de sua avó, ele tentou o suicídio aos 12 anos de idade, saltando do segundo andar de uma casa.

Aos 15 anos de idade, ele foi trabalhar em uma plantação de tabaco em Connecticut, mais ao norte dos Estados Unidos, e ficou impressionado com o bom relacionamento entre brancos e negros de lá. Em 1953 ele se casou com o músico Coretta Scott.

A década de 1950

King estudou teologia no Seminário Teológico Crozer em Chester, Pennsylvania. Em 1955 ele obteve o doutorado (Ph.D.). Ele então se dedicou a seu ministério como pastor da Igreja Batista da Avenida Dexter em Montgomery, Alabama, à qual seu pai o confirmou em 31 de outubro de 1954 (Dia da Reforma). Enquanto estava lá, ele testemunhou um incidente que precipitou o movimento dos direitos civis.

Em 1º de dezembro de 1955, Rosa Parks negra se recusou a ceder seu assento em um ônibus a um passageiro branco. Os negros tinham que sentar-se no banco de trás do ônibus de acordo com as normas locais. A polícia (também branca) foi chamada e vindicou o motorista e o passageiro branco. Rosa Parks foi expulsa do ônibus e posteriormente presa.

A comunidade negra de Montgomery, liderada pelo Reverendo King, respondeu ao incidente com um boicote de ônibus bem sucedido (1955-1956) e conseguiu uma grande vitória quando a empresa de ônibus de Montgomery também teve que permitir que os negros se sentassem em qualquer assento do ônibus. Depois disso, King logo alcançou destaque nacional por seu carisma excepcional e coragem pessoal. Em inúmeras ocasiões ele atuou como orador, denunciando a discriminação contra os negros.

King fundou a Conferência de Liderança Cristã do Sul (SCLC) e assumiu a presidência. A associação lhe permitiu retornar a Atlanta e dedicar-se à luta pela igualdade dos negros americanos, sendo seu grande exemplo Mahatma Gandhi, pois ele também se esforçou pela força de vontade e não-violência nos protestos.

A filosofia de resistência não violenta do Rei levou à sua prisão em inúmeras ocasiões. King era odiado pelos partidários da segregação racial nos estados do sul. Houve um ataque à sua residência e ele e outros líderes negros foram condenados sob a acusação de conspiração.

Em 1959 ele visitou a Índia e, em seu caminho de volta, fez o Líbano e várias cidades na Cisjordânia ocupada pela Jordânia e na Cidade Velha de Jerusalém. Ele observou que havia uma fronteira e que, se tivesse visitado Israel, não poderia mais entrar nos países árabes. Israel o convidou repetidamente nos anos 60.

Ele só o levou em consideração para depois cancelar de qualquer forma. Em uma carta, ele escreveu sobre seu desejo de visitar "a Terra Santa" (se a agenda do Movimento dos Direitos Civis permitia) e a importância da fraternidade humana (Irmandade), inclusive aqui. Ele valorizava o Estado de Israel como uma democracia. Ele morreu menos de um ano após a Guerra dos Seis Dias.

A década de 1960

Entretanto, as campanhas do Rei foram bem sucedidas: em 28 de agosto de 1963, ele fez um discurso na Marcha em Washington, que contou com a presença de mais de 250.000 pessoas e onde Mahalia Jackson cantou "Fui vomitado, e fui desprezado" a seu pedido.

Em seu discurso, ele descreveu que brancos e negros podem viver juntos e falou as lendárias palavras "Eu tenho um sonho". Em 1964 foi agraciado com o Prêmio Nobel da Paz. Em 6 de agosto de 1965, o Presidente Lyndon B. Johnson assinou a "Lei dos Direitos de Voto", cumprindo a maioria das exigências do Rei.

A posição de liderança de King dentro do movimento de direitos civis foi desafiada em meados dos anos 60, quando houve vozes pedindo ações mais militantes em vez do protesto pacífico procurado por King.

No entanto, ele manteve sua importante posição e começou a se concentrar em outras questões. Por exemplo, ele criticou a Guerra do Vietnã e tornou conhecida sua preocupação com a pobreza.

Em 4 de abril de 1967, exatamente um ano antes de sua morte, King falou claramente contra o papel dos Estados Unidos na guerra, afirmando que os Estados Unidos estavam no Vietnã para "ocupá-lo como uma colônia americana" e que os Estados Unidos precisavam de mudanças morais.

A morte de Martin Luther King

Em 4 de abril de 1968, King foi morto a tiros em Memphis, na varanda do Motel Lorraine (desde 1991, o Museu Nacional dos Direitos Civis). O assassinato levou a uma onda de tumultos em mais de 60 cidades americanas, matando 39. O Presidente Lyndon B. Johnson declarou 7 de abril de 1968, um dia de luto nacional. O funeral do Rei, em 9 de abril de 1968, contou com a presença de mais de 150.000 pessoas. Milhões de pessoas em todo o mundo assistiram ao funeral via televisão. Em muitos países, as bandeiras dos edifícios governamentais estavam penduradas no meio mastro.

James Earl Ray, um criminoso, mas que não tinha usado violência antes, confessou o assassinato a conselho de seu advogado e assim evitou a pena de morte. Ele foi condenado a 99 anos de prisão. Para o resto de sua vida, ele tentou retratar sua confissão, alegando que havia havido uma conspiração. Em 1997, esta visão foi apoiada por membros da família do Rei. Ray morreu em 1998 em uma prisão. Em 1999, a família de King ganhou um julgamento do júri em Memphis contra Loyd Jowers, que alegou que ele havia cometido o assassinato por uma figura da máfia. No entanto, muitos especialistas não ficaram convencidos com o veredicto e em 2000, após uma investigação de 18 meses, concluiu-se que não havia provas contra Jowers.

Capítulo 4: Poder negro

O Poder Negro foi um movimento político entre os negros americanos no final dos anos 60 e início dos anos 70.

O Poder Negro enfatizou a expressão de uma nova consciência racial entre os negros nos Estados Unidos. Em um sentido mais amplo, o termo se referia à escolha consciente que os negros americanos fizeram para promover seus interesses e valores coletivos, para proteger seu próprio bem-estar e para ganhar um grau de autonomia.

O primeiro a usar o termo "poder negro" no contexto político em público foi Robert F. Williams, escritor e publicitário dos anos 50 e 60. O termo foi adotado por Mukasa Dada (mais conhecido como Willie Ricks), o co-diretor e porta-voz do Student Nonviolent Coordinating Committee (SNCC), uma organização estudantil contra a violência contra negros nos Estados Unidos. Quando Mukasa Dada usou abertamente o termo em um momento de integração racial, ele recebeu o apoio de milhares da classe média negra. Esta autoconsciência aberta foi vista por alguns negros como uma escolha estratégica. O termo foi usado mais tarde em um contexto mais ameno.

A fama mundial chegou ao movimento Black Power nas Olimpíadas de Verão de 1968 na Cidade do México. Os dois atletas negros Tommie Smith e John Carlos balançaram os punhos de luvas na cerimônia de medalha e foram posteriormente retirados das Olimpíadas de Verão pelo Comitê Olímpico dos Estados Unidos.

Internacionalmente, o movimento tem um resultado diferente. Internacionalmente, o termo poder negro inclui o internacionalismo africano, o pan-africanismo, o nacionalismo negro e apenas elementos da supremacia negra.

Enquanto o movimento seguiu seu próprio caminho internacionalmente, alguns ativistas negros nos Estados Unidos se chamam "Novos Africanos". Eles acreditam que os negros nos Estados Unidos deveriam trabalhar para seu próprio estado-nação independente formado pela "Faixa Negra do Sul", onde a concentração da população negra é maior.

Capítulo 5: Jesse Jackson

Jesse Louis Jackson, Sr. Jesse Louis Burns nascido em Greenville, Carolina do Sul, em 8 de outubro de 1941, é um pastor batista americano, político e ativista dos direitos civis.

Após estudos inacabados em teologia, Jackson tornou-se um associado próximo de Martin Luther King e estava ao seu lado quando King foi assassinado. Mais tarde naquele ano, em 1968, ele foi confirmado como ministro batista.

Jackson fundou a PUSH (People United to Serve Humanity) em 1974, uma organização destinada a envolver mais os negros na economia, e em 1986 ele se tornou presidente da Coligação Arco-Íris, uma organização que reuniu vários grupos minoritários, ativistas de paz, organizações ambientais e grupos políticos em apoio aos pobres. Em 1996, os dois foram fundidos.

Nos anos 80, Jackson cresceu para se tornar um porta-voz-chave do movimento de direitos civis da minoria e da afro-americana nos Estados Unidos. Ele tentou por duas vezes, em 1984 e 1988, ganhar a indicação democrata para presidente e, embora tenha fracassado em ambas as ocasiões, isso mostrou que os afro-americanos se tornaram um fator político importante dentro do Partido Democrata.

Jackson também ficou conhecido por negociar, às vezes com sucesso, com os líderes de países de outros blocos de poder como Síria, Iraque e Cuba pela libertação de prisioneiros americanos, e Bill Clinton o homenageou com a Medalha Presidencial da Liberdade, o mais alto prêmio civil dos Estados Unidos. Jerry Brown, ex-governador da Califórnia, considerou a escolha de Jackson como seu candidato à vice-presidência em 1992. Isto caiu mal com a comunidade judaica em Nova York, pois Jackson havia feito vários comentários anti-semitas no passado, sobre os quais Clinton ganhou as primárias brilhantemente.

Jackson esteve mais tarde envolvido em manifestações contra a Guerra do Iraque. Seu filho, Jesse Jackson Jr. era membro da Câmara dos Deputados.

Capítulo 6: N.A.A.C.P.

A Associação Nacional para o Progresso das Pessoas de Cor (NAACP) é um dos movimentos de direitos civis mais antigos dos Estados Unidos e uma força motriz no movimento mais amplo de direitos civis afro-americanos. A organização foi fundada em 1909 para beneficiar os cidadãos afro-americanos.

A sede da NAACP fica em Baltimore, Maryland, mas também há escritórios na Califórnia, Nova Iorque, Michigan, Missouri, Geórgia e Texas. Cada um destes escritórios regionais se preocupa com as atividades da organização em seus respectivos estados e arredores.

História do NCAAP

Em 1905, 32 afro-americanos proeminentes, liderados por William DuBois, reuniram-se para discutir os problemas das "pessoas de cor" e as possíveis soluções para eles. Devido à segregação racial nos hotéis, os 32 se reuniram em um hotel do lado canadense das Cataratas do Niágara; portanto, eles também foram chamados de Movimento Niágara. Um ano depois, três brancos se juntaram ao grupo: William Walling, um jornalista e assistentes sociais Mary White Ovington e Henry Moscowitz. Para expandir a capital do grupo e, portanto, suas capacidades, sessenta proeminentes americanos foram convidados a se juntar ao grupo. Uma conferência foi marcada para o dia 12 de fevereiro de 1909 (100º aniversário de Abraham Lincoln); embora a reunião não tenha ocorrido até mais de três meses depois, esta data é freqüentemente citada como a data de fundação da NAACP.

Em 30 de maio de 1909, o Movimento Niágara se reuniu em Nova Iorque. Nesta reunião, foi formado o Comitê Nacional Negro, com quarenta membros. Entre os presentes estava a ativista de direitos civis Ida Wells. Em 1910, o nome da organização foi mudado para Associação Nacional para o Progresso das Pessoas de Cor.

A NAACP utilizou principalmente processos judiciais para forçar medidas que garantissem a igualdade entre negros e brancos. Em 1954, a organização ganhou um processo na Suprema Corte Federal em nome de crianças negras de quatro estados diferentes, abolindo a segregação racial nas escolas públicas.

Cronologia do NCAAP

1909 - 1941

- **1909:** *Em 12 de fevereiro, é formado o Comitê Nacional Negro. Entre seus fundadores estão Ida Wells, William DuBois, e William Walling.*
- **1910:** *A NAACP inicia processos no caso Pink Franklin para ajudar um fazendeiro negro que matou um policial quando este entrou em sua casa às 3 da manhã para prendê-lo por invasão de propriedade.*
- **1913:** *A NAACP demonstra contra a decisão do Presidente Woodrow Wilson de introduzir oficialmente a segregação racial no governo federal.*
- **1914:** *O Professor Emérito Spingarn da Universidade de Columbia torna-se presidente da NAACP, e recruta uma série de importantes líderes judeus para a organização.*
- **1915:** *A NAACP organiza um protesto nacional contra o filme mudo racista Birth of a Nation (Nascimento de uma Nação) de D.W. Griffith.*
- **1917:** *Em Buchanan v. Warley, a Suprema Corte Federal dos Estados Unidos determina que os estados não podem forçar os cidadãos afro-americanos a viver em bairros diferentes dos brancos. Além disso, a NAACP ganhou um processo judicial permitindo que os negros se tornassem oficiais nas forças armadas.*
- **1918:** *Depois que a NAACP o pressionou, o Presidente Wilson declarou ser um oponente do linchamento.*
- **1919:** *A NAACP envia um enviado ao Arkansas, onde duzentos agricultores negros haviam sido assassinados em outubro. A organização fornece advogados para cinqüenta negros que foram julgados no mês seguinte em um julgamento dominado pelos brancos.*

- **1920:** *A conferência anual da NAACP é realizada em Atlanta, Geórgia, para levar o Ku Klux Klan ao calcanhar.*
- **1922:** *Os anúncios da NAACP aparecem em jornais nacionais apresentando fatos sobre linchamento.*
- **1930:** *Após protestos da NAACP, o candidato John Parker não tem assento na Suprema Corte Federal porque aprovou leis discriminatórias.*
- **1935:** *Charles Houston e Thurgood Marshall, dois advogados da NAACP, ganham um processo judicial exigindo que a Faculdade de Direito da Universidade de Maryland admita um estudante negro.*
- **1939:** *Após as Filhas da Revolução Americana proibirem um cantor negro de se apresentar em sua sede, a NAACP muda seu show para o Lincoln Memorial, onde atrai 75.000 espectadores.*
- **1941:** *Durante a Segunda Guerra Mundial, a NAACP tomou medidas para garantir que o Presidente Franklin Roosevelt tivesse uma política não discriminatória na indústria bélica.*

1950 - 1990

- **1954:** *A NAACP ganha o processo Brown v. Conselho de Educação, tornando ilegal a segregação racial nas escolas públicas.*
- **1955:** *A ativista dos direitos civis e membro da NAACP Rosa Parks se recusa a ceder seu assento em um ônibus em Montgomery, Alabama, a um companheiro de viagem branco, lançando as bases para a antipatia do público pela segregação nos Estados Unidos.*
- **1960:** *Em Greensboro, Carolina do Norte, os jovens membros da NAACP realizam protestos não violentos em cantinas segregadas. As manifestações levaram à dessegregação de mais de sessenta lojas.*
- **1963:** *Após uma manifestação em massa pela igualdade de direitos dos negros, o único conselheiro da NAACP, Medgar Evers, é assassinado em frente de sua casa em Jackson, Mississippi.*
- **1963:** *A NAACP faz lobby para a aprovação da Lei de Igualdade de Oportunidades de Emprego.*
- **1964:** *A Suprema Corte Federal decide que o estado do Alabama não pode proibir as atividades da NAACP.*
- **1965:** *A NAACP acolhe seu 80.000º membro.*

- **1983:** *Mais de 850.000 eleitores negros se registram na sede da NAACP. Além disso, a Suprema Corte Federal decide em um caso apresentado pela universidade que o Presidente Ronald Reagan não pode dar benefícios fiscais à segregada Universidade Bob Jones.*
- **1985:** *A NAACP organiza uma grande manifestação anti-apartheid em Nova York.*
- **1989:** *Muitos membros da NAACP caminham em uma marcha silenciosa de 100.000 pessoas para se manifestarem contra as decisões da Suprema Corte que tinham revertido várias decisões anteriores contra a discriminação.*

1990 e mais além

- **1991:** *Quando o líder da Ku Klux Klan David Duke se tornou disponível como senador na Louisiana, a NAACP pediu aos negros que se registrassem. No final, houve uma participação de 76% entre os eleitores negros, portanto Duke não foi eleito.*
- **1995:** *A viúva do assassinado Medgar Evers, Myrlie Evers-Williams, entra para a diretoria da NAACP.*
- **1996:** *Kweisi Mfume deixa a Câmara dos Deputados para se tornar diretor da NAACP.*
- **2000:** *Graças em parte às ações da NAACP, a eleição presidencial tem a maior participação de eleitores negros de todos os tempos.*
- **2000:** *Em 17 de janeiro, mais de cinqüenta mil pessoas protestaram contra uma marcha de protesto da NAACP em Columbia, Carolina do Sul, pela igualdade de direitos.*

Capítulo 8: Harlem Renaissance

O Harlem Renaissance foi um movimento intelectual, social e artístico de escritores e artistas afro-americanos que surgiu na década de 1920. Muitas vezes o nome é associado a escritores negros americanos durante esse período. Em holandês, portanto, o nome é usado sem tradução. Representantes importantes e fundadores foram Alain Locke e Zora Neale Hurston.

Antevisão da Renascença do Harlem

A literatura sobre e de negros tinha, nos estágios iniciais, um caráter defensivo. Ela se voltava contra a escravidão de alguma forma e era freqüentemente escrita por brancos. O exemplo mais conhecido, é claro, é The Negro Cabin de Uncle Tom, de Harriet Beecher Stowe. Mas os próprios negros também descreveram sua situação, às vezes em textos de maior conteúdo literário do que o tio Tomás. Tal texto freqüentemente enfatizava o fato de que o negro também era um ser humano, que além do mais sabia como se adaptar ao modo de vida branco.

A Guerra Civil Americana (1860-1865) parecia melhorar a sorte dos negros, mas o progresso permaneceu limitado. A maioria deles vivia no Sul, o perdedor do conflito, uma região que ficou para trás econômica e culturalmente após a Guerra Civil.

Melhoramento

No início do século XX, uma série de fatores trouxe uma melhoria na posição dos negros. Na própria América, os brancos estavam se interessando pelo seu modo de vida e também pelo jazz, enquanto na Europa a arte étnica se tornara moda. Da Jamaica surgiu uma nova autoconsciência entre a população negra. Essa autoconsciência se manifestou nos Estados Unidos de formas como a fundação da Associação Nacional para o Progresso das Pessoas de Cor (1909) e o movimento De Volta à África liderado por Marcus Garvey.

Mas talvez o fator mais importante tenha sido demográfico: antes e depois da Primeira Guerra Mundial, muitos negros migraram do campo do sul para as cidades do norte, inicialmente principalmente para trabalhar na indústria bélica ou para se tornarem soldados.

O que antes era uma cultura rural, agora se tornou uma cultura da cidade. Esta onda de migração é conhecida como a Grande Migração. O bairro Harlem da cidade de Nova York foi o lar de mais de 100.000 migrantes após a Primeira Guerra Mundial, e foi aqui que começou a Renascença do Harlem, composta por escritores e artistas negros que rejeitaram os estereótipos do século XIX associados à subserviência aos brancos. Eles também se autodenominavam Novos Negros.

Renascimento literário

Esta Grande Migração trouxe um renascimento cultural entre os negros que foi acompanhado por uma crescente autoconsciência. Aqueles que haviam servido como soldados no exterior haviam descoberto que as pessoas em outros lugares eram menos desdenhosas deles do que em casa. Uma maior autoconsciência foi, paradoxalmente, também estimulada por ser tão visivelmente diferente em um ambiente novo, ainda hostil, da grande cidade. A Grande Migração em si foi o cenário do romance Cane (1923) de Jean Toomer, mas depois disso Toomer se afastou do movimento e da literatura. Os primeiros poemas de Langston Hughes, The Weary Blues, apareceram em 1926.

Os romances do Harlem Renaissance podem ser divididos em três grupos, de acordo com suas atitudes em relação às relações entre brancos e negros: adaptação, auto-afirmação cautelosa e tradição própria.

Adaptação

No romance de adaptação, a pessoa negra se assemelha o mais possível a uma pessoa branca. Ele tem uma profissão respeitável como médico ou advogado e até mesmo sua pele é leve no tom. Um exemplo é There Is Confusion (1924) de Jesse Fauset, ela própria professora de francês e mais tarde editora literária e, portanto, um exemplo da chegada do negro. Seu trabalho, porém, trata do ódio a si mesmo que era inerente à vida em meio a preconceitos.

Passar (1929) por Nella Larsen tem até como título a adaptação: passar meios para passar, para se adaptar. A própria Larsen era uma negra de pele clara - sua mãe era dinamarquesa - e seu trabalho apresentava mulheres de pele clara ou mescladas racialmente.

Auto-afirmação cautelosa

Nos romances de auto-afirmação cautelosa, o próprio fundo negro é escolhido, embora com limitações e definido pela cultura branca dominante. O poeta e romancista Claude McKay ganhou grande popularidade com sua Home to Harlem (1928), a história de um desertor negro que retorna a um Harlem em que um motim racial está acontecendo e que está agitado com a vida. Muitos destes romances são ambientados no Harlem, mas não Deus envia aos domingos (1931) pelo romancista e poeta Arna Bontemps, que situa seu romance em Nova Orleans.

Sua própria tradição

Uma centralidade do próprio habitat negro, não como uma existência de segunda chance, mas como a cena principal do descrito, já pode ser encontrada na Cane acima mencionada. Ao fazer isso, Toomer escreveu um livro experimental que inclui poesia e drama além da prosa. Substância é a experiência de ser negro. O estereótipo de respeitáveis personagens negros é também enfaticamente abandonado por uma das figuras mais importantes do Harlem Renaissance, a antropóloga e folclorista Zora Neale Hurston.

Seu trabalho tem o Sul como cenário; a videira de Jonas Gourd (1934) foi seguida por seu trabalho mais importante, Their Eyes Were Watching God (1937). Neste romance, a linguagem utilizada, especialmente através dos diálogos em linguagem regional, é muito evocativa e lírica. No centro está uma mulher que consegue moldar sua própria vida, sem sequer pedir desculpas por isso.

O fim da Renascença do Harlem

Os romances de Hurston apareceram nos anos 30, quando o Renascimento do Harlem já havia deixado de existir como um movimento. A Grande Depressão havia posto um fim a ela. Uma visão alternativa, portanto, é que Deus Envia Domingos já tinha sido o último livro do período em 1931; no entanto, isto não faz justiça suficiente à posição de Hurston. Um fator completamente diferente que tinha feito do Harlem Renascença uma coisa do passado foi a chegada de um novo talento literário importante: com Native Son (1940), Richard Wright deu uma nova direção.

No entanto, o Harlem Renaissance teve um importante efeito secundário. Langston Hughes continuou a publicar nos anos 60 (morreu em 1967), e a influência de Zora Neale Hurston sobre um autor importante como Toni Morrison é inegável.

Capítulo 9: Malcolm X

Malcolm X, nascido Malcolm Little, nascido em Omaha, Nebraska, em 19 de maio de 1925, e falecido em Nova York, em 21 de fevereiro de 1965 foi um dos líderes e porta-vozes americanos da Nação do Islã, uma organização afro-americana muçulmana que lutou pela igualdade de direitos para os negros, entre outras coisas. Ele foi um dos fundadores da Muslim Mosque, Inc., e da Organização de Unidade Afro-Americana. Ele foi assassinado no início de 1965.

Durante sua vida, ele evoluiu de um criminoso mesquinho para um dos líderes separatistas negros mais militantes dos Estados Unidos, que ganhou fama mundial como defensor do pan-africanismo. Seu "sobrenome" X é uma referência ao passado dos afro-americanos que vieram para os Estados Unidos como escravos. No processo, muitos receberam o mesmo sobrenome que o de seus proprietários. O "X" indica a perda do nome e da identidade.

Os antecedentes de Malcolm X

Malcolm nasceu em 19 de maio de 1925, em Omaha, Nebraska, o quarto filho de um total de sete descendentes de Earl e Louise Little. Seu pai, um pastor batista convicto e apoiador de Marcus Garvey, morreu em um acidente de bonde, embora haja rumores de que ele foi assassinado por racistas brancos.

Oito anos depois, em 1939, Louise Little foi internada em um hospital psiquiátrico onde permaneceu por vinte e seis anos até que Malcolm e seus irmãos a libertaram de lá.

Malcolm deixou o ensino médio e após passar algum tempo em várias casas de adoção, mudou-se para Boston para morar com sua meia-irmã. Durante esse tempo, ele encontrou trabalho como engraxador de sapatos em uma boate Lindy Hop. Em sua autobiografia, ele conta que lhe foi permitido engraxar os sapatos da Duke Ellington e de outros músicos negros famosos.

Depois de algum tempo, ele se mudou para Nova York, onde se envolveu no circuito criminal do bairro do Harlem. O tráfico de drogas, o jogo, a prostituição e os roubos definem seus dias por um tempo. Para evitar ser convocado para servir no Exército dos EUA durante a Segunda Guerra Mundial, ele finge ser louco durante o exame médico.

Prisão

Em 12 de janeiro de 1946, aos 20 anos de idade, Malcolm foi condenado a oito a dez anos de prisão por roubo, posse de armas de fogo e furto. Na rua, ele foi apelidado de vermelho por causa de sua cor de cabelo vermelho, que ele devia à tez clara de sua mãe, que por sua vez tinha uma tez tão clara porque seu pai era escocês. Na prisão, ele foi apelidado de Satanás por seus companheiros de prisão porque ele amaldiçoava constantemente.

Em 1948, um companheiro de prisão o apresentou aos ensinamentos da Nação do Islã. A Nação do Islã se descreve como um grupo islâmico militante que sustenta que a maioria dos africanos eram muçulmanos antes de serem capturados e deportados para os Estados Unidos. Eles proclamam que todos os afro-americanos devem se converter a fim de retornar à sua herança roubada. A Nação do Islã se considera um grupo nacionalista que busca um estado independente para negros dentro dos atuais Estados Unidos.

Malcolm estudou os ensinamentos de Elijah Muhammad, ganhando muito conhecimento sobre a Nação do Islã. Ella, sua meia-irmã, providenciou para que ele fosse transferido para uma prisão com um regime menos rigoroso em Massachusetts. Aqui ele continuou a se desenvolver através do auto-estudo e começou uma intensa, ao longo do tempo até mesmo uma correspondência diária com Elijah Muhammad que se tornou seu mentor.

Após sua liberdade condicional em 7 de agosto de 1952, Malcolm combinou com uma imagem distinta e burguesa com uma gravata, óculos, pasta e relógio.

Nação do Islã

Em 1952, após muitas trocas de cartas da prisão, Malcolm conheceu Elijah Muhammad em Chicago. Nesta época, ele substituiu seu sobrenome pelo familiar X, em oposição ao seu nome de escravo, Little. Mais tarde, ele adotaria o nome muçulmano El-Hajj Malik El-Shabazz.

Seu profundo compromisso com a organização o levou a abrir vários Templos ao redor do país e a liderar serviços lá como pastor. Devido à sua capacidade de proferir discursos inflamados e inspiradores, logo foi considerado o segundo em comando da Nação do Islã.

Em 1958, ele casou-se com Betty Jean Sanders em Lansing, Michigan. Com ela, ele teve seis filhas: Attilah (1958), Qubilah (1960), Ilyasah (1962), Amiliah (1964) e os gêmeos Malaak e Malikah (1965).

A mensagem de Malcolm sobre a segregação negra inspirou o jovem boxeador Cassius Clay a se converter ao Islã e se juntar aos muçulmanos negros, como a Nação do Islã era chamada na época. Malcolm X tornou-se seu amigo e mentor. Esta adesão foi notável porque até então a Nação sempre se opôs, por princípio, ao esporte do boxe, que era considerado haram. Além disso, o boxe confirmaria mais uma vez os negros no preconceito (branco) estereotipado de sua natureza estúpida, submissa e violenta.

Por volta de 1963, surgiram tensões dentro da Nação do Islã. A popularidade de Malcolm, e especialmente sua amizade com Cassius Clay, despertou inveja em Elijah Muhammad e em outros capatazes da organização. Em vingança, Elijah deu a Muhammad Clay o nome honorífico islâmico "Muhammad Ali" na condição de que ele rompesse todo contato com Malcolm.

Depois que Malcolm também fez comentários depreciativos sobre o assassinato do presidente americano John F. Kennedy ("as galinhas estão vindo para o poleiro"; "o que anda por aí vem por aí"), Elijah Muhammad impôs a ele uma proibição de falar em público por 90 dias em 4 de dezembro de 1963. Malcolm ignorou esta proibição e deixou a Nação do Islã desiludida em 8 de março de 1964.

Em 1964 Malcolm começou a trabalhar em sua autobiografia em colaboração com Alex Haley.

Adeus à Nação do Islã

Chocado por persistentes (e mais tarde confirmado pelo filho de Muhammad, Wallace) rumores sobre os assuntos adúlteros de Elijah Muhammed com seis jovens secretários privados e várias ameaças de morte feitas contra ele por Muhammad, Malcolm X anunciou em 8 de março de 1964 que estava se afastando da Nação do Islã e fundando a Mesquita Muçulmana, Inc. Durante este período, ele ainda permaneceu fiel aos princípios da Nação do Islã. Em abril daquele ano, ele fez sua famosa votação ou o discurso Bullet. Em sua opinião, a violência negra ainda era justificada como autodefesa ou em resposta à violência ou às injustiças cometidas pelos brancos.

Malcolm entrou em contato com vários muçulmanos sunitas, que o
encorajaram a aprender sobre sua maneira de acreditar. Logo ele se
converteu ao islamismo sunita, o que o levou a fazer o Hadj para Meca em
abril de 1964. Diante das dezenas de milhares de peregrinos de todas as
raças, fileiras e classes, incluindo alguns muçulmanos brancos, Malcolm X,
que doravante passou a se chamar Malek El-Shabazz, revisou suas idéias
racistas de superioridade negra. Sua longa luta para forçar uma
segregação voluntária dos afro-americanos da sociedade americana a fim
de retornar ao seu continente de origem deu lugar a uma defesa, ainda
radical, da plena cidadania americana. Embora a Arábia Saudita não tenha
abolido a escravidão até 1962, segundo Malcom X, o Islã pregava a
igualdade racial, sem distinção de cor de pele. Como resultado deste novo
entendimento e direção de marcha, ele buscou aproximação com outros
líderes políticos negros, incluindo Martin Luther King. Ao debater e
colaborar com eles, ele esperava afiar e internacionalizar a luta pelo
movimento de direitos civis americano. Isto resultou em um breve
encontro e um aperto de mão entre os dois líderes ativistas durante uma
coletiva de imprensa após uma audiência no Senado dos Estados Unidos
em 26 de março de 1964. Malcolm X continuou a defender o chamado
nacionalismo negro, uma cooperação sócio-econômica de inspiração
marxista entre negros americanos com a intenção de estabelecer seus
próprios negócios separados, sem (interferência de) cidadãos brancos.

A morte de Malcolm

Em 14 de fevereiro dc 1965, sua casa foi bombardeada pelo fogo.
Malcolm e sua família sobreviveram a este ataque, pelo qual nunca ficou
claro quem foi o responsável.

Uma semana depois, em 21 de fevereiro, no Audubon Ballroom de
Manhattan, Malcolm tinha acabado de iniciar um discurso quando um
tumulto irrompeu na platéia de 400 pessoas. Enquanto os guarda-costas
de Malcolm tentavam acalmar a situação, um homem afro-americano
veio correndo para frente e atirou em Malcolm no peito com um rifle.
Dois outros homens seguiram e dispararam pistolas contra Malcolm. Os
espectadores conseguiram dominar um dos assassinos.

Os três detentos eram membros da Nação do Islã. Todos os três foram condenados por assassinato em março de 1966:

- **Talmadge Hayer** *confessou o assassinato, tinha 22 anos na época do ataque, e vivia em Paterson, Nova Jersey. Ele era membro da Nação do Islã e já havia sido preso em 1961 e 1963 por distúrbios e posse de armas roubadas, respectivamente. Hayer foi libertado em 27 de abril de 2010, após 17 indultos.*
- **Norman 3X** *Butler, de Muhammad Abd Al-Aziz, manteve sua inocência. Ele foi libertado da prisão em 1985. E foi nomeado chefe da Mesquita da Nação do Islã nº 7 no Harlem por Louis Farrakhan em 1998.*
- **Thomas 15X Johnson**, *que mudou seu nome para Khalil Islam, foi lançado em 1987.*

Inicialmente, Talmadge Hayer recusou-se a revelar quem eram seus cúmplices. Entretanto, em 1977, em dois testemunhos oficiais, ele declarou que Norman 3X Butler e Thomas 15X Johnson eram inocentes e nomeou Albert Thomas, William Bradley, Leon David e Wilbur McKinley, todos ex-membros de uma mesquita em Newark, Nova Jersey, como fez Hayer.

Alguns investigadores independentes com considerável conhecimento dos detalhes do caso acusaram o ex-líder da nação do Islã Louis Farrakhan de envolvimento no assassinato. O próprio Farrakhan ainda nega o envolvimento.

COLOR IS
NOT
A CRIME

Capítulo 1: Racismo institucional

O racismo institucional, o racismo institucionalizado, o racismo estrutural, o racismo estatal ou sistêmico é a exclusão sistemática, a marginalização e a discriminação de grupos populacionais por regras formais ou informais baseadas em instituições. É irrelevante se os atores dentro dessas instituições agem deliberadamente ou não. As instituições são definidas como todas as organizações e estruturas dentro da sociedade, incluindo conceitos abstratos como o estado de direito ou costumes.

O racismo institucional difere de outras formas de racismo que acontecem principalmente entre indivíduos.

História do termo racismo institucional

Os ativistas americanos de direitos civis Stokely Carmichael (mais tarde conhecido como Kwame Ture) e Charles Hamilton usaram o termo racismo institucional em 1967 no livro Black Power: The Politics of Liberation (Poder Negro: A Política de Libertação). Os autores eram ativistas do Poder Negro e usaram o termo para descrever as conseqüências de uma estrutura social com uma hierarquia racial estratificada.

Como conseqüências, citaram a discriminação e a desigualdade das minorias étnicas em matéria de moradia, renda, emprego, educação e saúde. Como exemplo, citaram Birmingham, Alabama, onde disseram que quinhentos bebês negros morriam a cada ano devido à falta de nutrição, moradia e instalações médicas adequadas, e milhares mais foram fisicamente, emocionalmente e intelectualmente devastados e desfigurados pela pobreza e discriminação na comunidade negra.

Eles também chamaram de racismo institucional o confinamento de negros em bairros degradados e a presa diária de proprietários exploradores, agiotas e agentes imobiliários discriminatórios.

Em 1999, o relatório de investigação do britânico William Macpherson sobre o assassinato de Stephen Lawrence descreveu o termo como "A incapacidade coletiva de uma organização de prestar um serviço adequado e profissional às pessoas por causa de sua cor, cultura ou etnia". Ela pode ser observada em processos, atitudes e comportamentos que equivalem a discriminação devido a preconceitos inconscientes, ignorância, falta de consideração e estereótipos racistas que prejudicam certas populações".

Originalmente, o termo era principalmente um conceito sociológico. O conceito de racismo institucional surgiu no final dos anos 90, após um longo hiato no discurso político. Desde então, ele tem sido um conceito controverso que é regularmente criticado.

A palavra grupo tem sido usada na mídia holandesa desde 1969, atingindo um pico em outubro de 2013, quando houve uma cobertura significativa da mídia sobre o perfil étnico pela polícia e em 2020 nas manifestações contra o racismo após a morte do americano George Floyd.

Definições de racismo institucional

O racismo institucional é originalmente um termo sociológico definido da seguinte forma:

A exclusão sistemática e/ou discriminação de grupos com base em regras escritas, mas especialmente não escritas, tradições, comportamento e modos. É mais sutil do que o racismo explícito, que é simplesmente reconhecível em observações discriminatórias de indivíduos, e está inconscientemente embutido nas estruturas de nossa sociedade.

No debate social, trata-se geralmente de discriminação sistemática inconsciente contra certos grupos étnicos dentro de grandes organizações. Podem ser organizações governamentais, como a Secretaria de Impostos, agências municipais ou a polícia, mas também organizações do mundo dos negócios, como os departamentos de recursos humanos das empresas, a indústria hoteleira ou os proprietários de casas.

O dicionário de inglês de Cambridge define racismo institucionalizado como políticas, regras, práticas, etc., que se tornaram parte permanente do modo de funcionamento de uma organização ou sociedade, e que criam e ajudam a manter uma situação na qual, com base em sua raça, algumas pessoas desfrutam de vantagens estruturalmente injustas e outras sofrem tratamento injusto ou prejudicial. O racismo institucional em nível estatal também pode ser um sistema de discriminação de cima para baixo e abrangente, destinado a beneficiar um grupo populacional e a dominá-lo sobre outros. Isto pode ser feito com base na ideologia, religião, reivindicação a um território ou fora do racismo clássico, onde o grupo étnico dominante se considera superior aos outros grupos étnicos.

Classificação do racismo institucional

O racismo institucional se manifesta em diferenças no acesso a bens, serviços e oportunidades na sociedade. Quando essas diferenças se tornam parte integrante das instituições, elas criam uma prática comum que é difícil de corrigir. Em última análise, esta forma de racismo se manifesta nas agências governamentais, nas empresas e nas universidades. Um problema para reduzir o racismo institucionalizado é que não há um perpetrador claro. Quando o racismo é incorporado à instituição, ele é expresso como uma ação coletiva.

O psicólogo James M. Jones, professor da Universidade de Delaware, distingue três formas de racismo: pessoal, internalizado e institucionalizado.

O racismo pessoal inclui ações decorrentes de preconceito racial, discriminação, estereótipos, desrespeito, desconfiança, desvalorização e desumanização.

O racismo internalizado ocorre entre os próprios membros da minoria étnica e envolve as percepções negativas sobre suas próprias habilidades e valor intrínseco, tais como baixa auto-estima e baixa auto-estima de seus pares. Esta forma de racismo pode se manifestar através da brancura, mas também através da resignação, desamparo e desesperança. Pode manifestar-se de várias maneiras, como abandonar a escola, não votar, ou não participar de exames de saúde.

O racismo institucional, de acordo com Jones, distingue-se de outras formas de racismo ao colocar os grupos raciais e étnicos minoritários em desvantagem para a maioria racial ou étnica da instituição através de políticas, práticas e estruturas econômicas e políticas.

Um exemplo de racismo institucional é a disparidade nos orçamentos e na qualidade dos professores nas escolas públicas dos EUA. Estes orçamentos estão freqüentemente correlacionados com o valor das casas na área: os bairros ricos têm maior probabilidade de serem mais brancos, têm melhores professores e há mais dinheiro para a educação, mesmo nas escolas públicas. Outros exemplos às vezes descritos como racismo institucional incluem a caracterização étnica pelos seguranças e pela polícia, o uso de caricaturas raciais estereotipadas, a subrepresentação de minorias nos meios de comunicação de massa e, finalmente, a deturpação de certos grupos raciais nos mesmos meios de comunicação de massa.

Racismo estrutural

Alguns pesquisadores sociológicos fazem a distinção entre racismo institucional e racismo estrutural. O primeiro se refere às normas e práticas dentro de uma instituição, o segundo às interações entre instituições; interações que produzem resultados diferentes dependendo da etnia da pessoa envolvida. Uma característica chave do racismo estrutural é que ele não pode ser reduzido a preconceitos individuais ou à função única de uma instituição.

Observabilidade do racismo institucional

O racismo institucional pode ser profundamente escondido nas estruturas da sociedade, de modo que as pessoas geralmente mal estão cientes disso. Pode ser um comportamento profundamente enraizado. O racismo institucional também pode estar presente nos regulamentos, políticas e procedimentos de uma organização.

O racismo institucional espreita em comunidades homogêneas. Os membros de tal comunidade - consciente ou inconscientemente - acreditam que a sociedade ideal deve ser a mais uniforme possível. Há então pouco espaço para a diversidade. Minorias e outros estrangeiros recebem a tarefa de integrar ou assimilar. Os membros de um grupo homogêneo também tendem a favorecer sistematicamente os membros de seu próprio grupo em detrimento daqueles que não pertencem ao grupo em suas interações sociais.

De acordo com algumas opiniões, há uma diferença nas percepções de racismo institucional entre as vítimas femininas e masculinas. Os homens são mais propensos a sofrer discriminação institucionalizada, as mulheres são mais propensas a sofrer discriminação interpessoal.

As conseqüências

Uma conseqüência do racismo institucional é a discriminação contra minorias nas esferas social, econômica e política, o que reduz a participação de pessoas desses grupos minoritários em uma variedade de atividades sociais.

O racismo sistêmico no mercado habitacional cria segregação em bairros de preto e branco.

Menos oportunidades de emprego significam que as pessoas de minorias étnicas permanecem presas em uma posição sócio-econômica mais baixa.

Crianças de grupos minoritários experimentam expectativas estruturalmente mais baixas na educação, influenciando sua escolha de escola.

Devido ao chamado perfil étnico da polícia, há uma chance maior de ser preso e, portanto, uma chance maior de ser pego cometendo um crime. Portanto, há uma chance maior de punição.

A menor participação na política pode ser resultado do racismo institucional nos partidos políticos. Isto, por sua vez, pode resultar em menos consideração pelas minorias no desenvolvimento de leis e regulamentos.

O racismo institucional também afeta a auto-imagem dos grupos discriminados. Por exemplo, nos anos 40, o casal Kenneth e Mamie Phipps Clark realizou uma pesquisa com crianças afro-americanas sobre sua preferência pela cor dos desenhos e bonecos e sobre sua autoconsciência. Além da preferência por uma cor de pele branca, eles mostraram um comportamento evasivo na rejeição de sua própria cor de pele. Ao fazer isso, elas teriam internalizado a preferência cultural em idade precoce.

Habitação e hipotecas

O racismo institucional no setor de habitação foi visto na década de 1930 com a Corporação de Crédito Imobiliário aos Proprietários de Imóveis. Para determinar o risco da hipoteca, os bancos dependiam da localização da casa. Em bairros com alto risco de inadimplência, os bairros redline, o risco era classificado como maior.

Estes eram geralmente bairros afro-americanos; enquanto os americanos brancos de classe média podiam obter hipotecas, os que estavam nesses bairros não conseguiam. Ao longo de várias décadas, enquanto os brancos americanos de classe média saíam do centro da cidade para casas mais agradáveis nos subúrbios, bairros predominantemente afro-americanos foram deixados para trás. As lojas também se mudaram para os subúrbios para estar mais perto de seus clientes (brancos). Dos anos 30 até os anos 60, o New Deal e a Federal Housing Administration (FHA) de Franklin D. Roosevelt possibilitaram o crescimento do capital da classe média branca fazendo empréstimos a bancos que, por sua vez, financiaram a posse de casas pelos brancos, permitindo assim a saída de famílias brancas do centro das cidades.

Os bancos não fizeram empréstimos a negros. Como as minorias étnicas não conseguiam obter financiamento e assistência dos bancos, os brancos americanos ganharam uma vantagem crescente sobre os negros americanos ao obterem ganhos de capital. Como resultado, a progênie da classe média branca podia ser financiada pelo patrimônio dos proprietários das casas quando eles foram para a faculdade. Isto não foi possível em famílias negras e outras famílias minoritárias.

Entre 1934 e 1962, menos de 2% das habitações subsidiadas pelo governo foram para pessoas não-brancas. O racismo institucional do modelo FHA foi temperado nos anos 70. Os esforços do Presidente Obama também melhoraram a situação com a introdução do Financiamento Habitacional Justo.

Os programas descritos acima e financiados pelo governo dos Estados Unidos tiveram um impacto significativo no interior das cidades. Os bairros negros estão se transformando em desertos alimentares, mas tinham muitas lojas de bebidas. Os bairros de baixa renda tinham apenas pequenas mercearias independentes que normalmente tinham que cobrar preços mais altos. Os consumidores pobres desses bairros ou tinham que fazer suas compras em bairros de renda mais alta ou gastar mais em seus próprios bairros.

A atual segregação racial e as disparidades de riqueza entre americanos de diferentes cores de pele são o resultado de ainda outras políticas do passado. Por exemplo, os trabalhadores rurais e de colarinho branco, a maioria dos quais eram negros, não tinham direito a benefícios sob a Lei de Previdência Social de 1935. De fato, os proprietários de terras do Sul não queriam a ajuda do governo para mudar o sistema agrícola. A Lei Wagner de 1935 também proibiu os negros por lei de se filiarem a qualquer sindicato que pudesse oferecer proteção.

Pesquisas em grandes cidades como Los Angeles e Baltimore mostram que as comunidades de minorias étnicas têm menos acesso a parques e outros espaços verdes. Os parques têm benefícios sociais, econômicos e de saúde. Os espaços públicos permitem a interação social, possibilitam a atividade física diária e melhoram a saúde mental. As comunidades minoritárias também têm menos acesso aos processos de tomada de decisão que determinam a distribuição dos parques.

Racismo sistêmico na área da saúde

O racismo institucional afeta o acesso aos cuidados de saúde dentro das comunidades minoritárias não-brancas. Os grupos étnicos minoritários têm maior probabilidade de não terem seguro do que a maioria branca, o que reduz seu acesso a uma variedade de serviços de saúde.

Isto cria disparidades de saúde entre os grupos étnicos. Consequentemente, várias doenças nos Estados Unidos, incluindo a AIDS, são mais comuns entre as minorias étnicas. Em um artigo de 1992, Janis Hutchinson argumenta que o governo federal também tem sido lento em responder à epidemia de Aids em comunidades minoritárias e que o governo não levou em conta a diversidade étnica na prevenção e tratamento da Aids. A proporção relativamente alta de prisioneiros negros também levou a mais infecções por Aids. Estes homens sofreram estupro e dependência de drogas na prisão que envolveu o uso de agulhas contaminadas. Devido ao grande número de prisioneiros da comunidade negra, suas esposas buscaram mais contato sexual fora da prisão, resultando em maior risco de infecção pelo HIV.

Racismo sistêmico no meio ambiente

O racismo institucional também pode afetar a saúde das minorias através de fatores ambientais. Por exemplo, a segregação racial expõe desproporcionalmente as comunidades negras a produtos químicos como tinta à base de chumbo, vapores de diesel, multidões, lixo e ruído.

Racismo sistêmico na polícia e no sistema de justiça criminal

O racismo dentro da força policial dos Estados Unidos é visto como estrutural por alguns, mas de forma alguma por todos. Em cada caso, o racismo dentro da polícia americana culmina em assassinatos por policiais. Exemplos desses assassinatos incluem os de Michael Brown, em 2014, e George Floyd, em 2020. Um estudo da Universidade de Stanford constatou que os afro-americanos tinham 20% mais probabilidade de serem controlados em uma parada de trânsito. Em Los Angeles, 28% das pessoas detidas por policiais eram negras, apesar de representarem apenas 9% da população.

O racismo institucional também ocorre no sistema de justiça criminal. Os afro-americanos são mais propensos a serem condenados por crimes do que os brancos ou pessoas de origem hispânica. Um exemplo disso são as condenações por posse de cocaína. Embora aproximadamente 2/3 dos usuários de cocaína nos EUA sejam brancos ou hispânicos, em 1994 84,5% dos acusados condenados por posse de cocaína eram negros, enquanto 10,3% eram brancos e 5,2% eram hispânicos. Outra manifestação disto é que os casos de homicídio com vítimas brancas eram mais propensos a resultar em sentença de morte do que aqueles com vítimas negras.

Racismo sistêmico no serviço governamental

Em teoria, os funcionários públicos são nomeados por mérito. Na prática, porém, há razões que impedem a integração das minorias étnicas. O Departamento do Trabalho dos Estados Unidos começou a aplicar cotas raciais nos anos 70, mas as ações judiciais se mostraram necessárias para conseguir a implementação efetiva dessas cotas. Em 1971, os Vulcan Blazers do Corpo de Bombeiros de Baltimore entraram com uma ação judicial que resultou na nomeação de negros para posições de liderança no corpo de bombeiros. Outros grupos minoritários seguiram sua liderança e foram a tribunal também. Em 2009, a cidade de Baltimore pagou US$ 4,6 milhões para resolver um caso de discriminação de policiais.

O racismo sistêmico na educação

Os testes padronizados também são considerados uma forma de racismo institucional, pois parece que estes testes favorecem pessoas de uma certa origem sócio-cultural. Entretanto, as causas das diferenças nos resultados dos testes ainda não são totalmente conhecidas.

Foi somente nos anos 60 que se tornou possível aos jovens de cor estudar em faculdades e universidades. Isto se tornou possível através das Leis dos Direitos Civis e do Ensino Superior. No entanto, as barreiras à integração permaneceram nas instituições predominantemente brancas de ensino superior. Também era difícil para muitos estudantes negros freqüentar a faculdade devido à baixa qualidade do ensino primário e secundário nas escolas segregadas.

O racismo sistêmico na política

A representação negra no Congresso dos EUA sempre permaneceu baixa desde a abolição da escravidão. Durante a administração Nixon, havia 11 representantes negros, dez na Câmara dos Deputados e um no Senado. Depois disso, a representação dos negros começou a aumentar.

Capítulo 2: Matéria de vidas negras

Black Lives Matter (abreviado como BLM) é um movimento internacional que teve origem na comunidade afro-americana nos Estados Unidos em resposta à violência policial contra afro-americanos. O movimento começou com o hashtag "#BlackLivesMatter" depois que George Zimmerman foi absolvido em 2013 pela morte de Trayvon Martin em 26 de fevereiro de 2012, em Sanford, Flórida, um jovem afro-americano de 17 anos.

Desde então, ativistas políticos da Black Lives Matter têm recuado contra todas as formas de violência contra os negros, incluindo brutalidade policial, perfil étnico e punição excessiva dos negros no sistema de justiça dos Estados Unidos.

O movimento organiza manifestações e protestos, e desde 2015 também tem desafiado os políticos a se manifestarem contra a violência contra os afro-americanos. Black Lives Matter ganhou destaque nacional em 2014 através de protestos após a morte de Eric Garner em 17 de julho de 2014, em Nova York, e a morte de Michael Brown em 9 de agosto de 2014, em Ferguson, Missouri. Desde os protestos em Ferguson, muitos protestos se seguiram por todo o país. Após a morte de George Floyd em Minneapolis, em 25 de maio de 2020, o seguimento da Black Lives Matter cresceu rapidamente internacionalmente, e muitos protestos voltaram a acontecer.

Movimentos de protesto anteriores

As origens do movimento Black Lives Matter estão no movimento dos direitos civis afro-americanos. O movimento de direitos civis lutou durante décadas para acabar com a segregação racial (separação racial) e a discriminação nos Estados Unidos.

O movimento Black Lives Lives Matter afirma que ele se inspira ainda mais no movimento Black Power, entre outros. Vários veículos de mídia se referiram ao movimento Black Lives Matter como um novo movimento de direitos civis.

Protestos on-line

O movimento Black Lives Matter surgiu no verão de 2013, após a absolvição de George Zimmerman pelo assassinato do adolescente negro Trayvon Martin. O movimento com a hashtag "#BlackLivesMatter" foi fundado por três mulheres negras americanas Alicia Garza, Patrisse Cullors e Opal Tometi.

Alicia Garza postou uma mensagem no Facebook, intitulada "uma carta de amor para os negros", na qual ela descreveu, "Our Lives Matter, Black Lives Matter". A isto, Patrisse Cullors respondeu com "#BlackLivesMatter". Eles foram apoiados por Opal Tometi.

Demonstrações

O movimento organizou a primeira manifestação nacional 'Freedom Ride' em Ferguson, no estado americano do Missouri, em agosto de 2014. O gatilho desta manifestação foi a morte de Michael Brown, um adolescente negro. Pelo policial Darren Wilson, Michael Brown foi morto a tiros. O policial havia disparado doze balas. Michael Brown estava desarmado. No dia seguinte a este tiroteio, protestos eclodiram em Ferguson.

Alicia Garza juntamente com os outros dois co-fundadores da Black Lives Matter, Patrisse Cullors e Opal Tometi, organizaram este "Passeio da Liberdade" para Ferguson. Mais de 500 pessoas de 18 cidades diferentes dos Estados Unidos se inscreveram.

Estrutura

Black Lives Matter é uma organização descentralizada. Os fundadores se opõem a uma estrutura de cima para baixo que os movimentos de direitos civis anteriores utilizavam. Johnetta Elzie, um conhecido ativista da Black Lives Matter, enfatiza que a organização sempre sustentou que ela é composta por muitos.

De acordo com ela, não pode haver uma pessoa líder do movimento, mas todos são líderes. Para aqueles que optam por se envolver no movimento Black Lives Matter, o movimento tem treze princípios orientadores que são importantes como diversidade, empatia e justiça restaurativa, entre outros.

Capítulo 3: A morte de Trayvon Martin

A morte de Trayvon Martin ocorreu na noite de 26 de fevereiro de 2012, em Sanford, Flórida, quando o vigilante latino George Zimmerman, de 28 anos, atirou e matou Trayvon Martin (nascido em 7 de fevereiro de 1995 em Miami Gardens), de 17 anos. Zimmerman deu como motivo a autodefesa.

Esta morte e as circunstâncias sob as quais ela ocorreu levaram a uma discussão nacional sobre o racismo nos Estados Unidos, que também se intensificou em outros países. Zimmerman foi acusado de homicídio culposo. O julgamento começou em 10 de junho de 2013, em Sanford. Em 13 de julho de 2013, após dezesseis horas de deliberação por um júri de seis membros, Zimmerman foi considerado inocente e absolvido.

Zimmerman testemunhou que Trayvon Martin, que estava andando por um bairro de Sanford usando um capuz, estava agindo de forma suspeita. Quando ele falou com o garoto, houve um confronto no qual Zimmerman atirou e matou o Martin desarmado. Zimmerman alegou que se tratava de um caso de defesa de emergência. Sob a lei da Flórida, era permitido matar alguém na defesa de emergência. Como resultado, o júri sentiu-se compelido a absolver. Se o júri o tivesse considerado culpado, Zimmerman poderia ter recebido uma sentença de prisão perpétua. Um jurado anônimo revelou logo em seguida que estava convencido de que Zimmerman era realmente culpado da morte do adolescente. Ela apontou a legislação, tornando necessário declarar Zimmerman inocente. A jurada, portanto, clamou por um endurecimento da lei de autodefesa.

Após a absolvição, milhares de pessoas, particularmente afro-americanos, saíram às ruas em protesto, com escaramuças com a polícia. O Reverendo Raphael Warnock declarou que Martin havia sido morto porque, como um menino negro, ele não era visto como um ser humano, mas como um problema. O presidente Obama, que disse que se ele tivesse um filho que se parecesse com Martin, pediu aos manifestantes que respeitassem a justiça.

Capítulo 4: A morte de George Floyd

A morte de George Floyd, um homem afro-americano, ocorreu em Minneapolis, Minnesota, em 25 de maio de 2020. O Floyd, de 46 anos, morreu depois que o policial Derek Chauvin encostou-se no pescoço de Floyd com o joelho por mais de oito minutos enquanto estava algemado ao estômago na rua. Dois outros policiais simultaneamente apoiaram seus joelhos em suas costas e um quarto oficial manteve o público à distância. Depois que Floyd desmaiou após cerca de seis minutos, Chauvin manteve seu joelho no pescoço de Floyd por quase mais três minutos. Floyd foi então transportado para o hospital em uma ambulância; uma tentativa de ressuscitação na ambulância não teve sucesso. Ele foi declarado morto na chegada ao hospital. Chauvin foi considerado culpado do assassinato de George Floyd por um júri em 20 de abril de 2021.

O assalto foi filmado por espectadores com um telefone celular e transmitido ao vivo no Facebook ao vivo. Isto atraiu a atenção da mídia americana. O evento tornou-se notícia mundial e levou a protestos em Minneapolis e em outras cidades do mundo inteiro contra o racismo. Alguns desses protestos degeneraram em tumultos e saques. Há algum tempo, as organizações americanas de direitos humanos vinham reclamando do que viam como tratamento discriminatório dos negros pela polícia, sem nenhuma melhoria.

Quatro oficiais estavam envolvidos na prisão de Floyd. Todos foram demitidos logo após a morte de Floyd. Chauvin foi preso em 29 de maio de 2020, sob suspeita de homicídio culposo, posteriormente agravado por homicídio culposo. Os outros três agentes foram presos em 3 de junho de 2020, sob suspeita de cumplicidade no homicídio culposo.

Quem é George Floyd

George Floyd, pai de duas filhas e um filho, era um homem americano de ascendência afro-americana. Ele trabalhou como segurança de um restaurante de Minneapolis por cinco anos antes de perder seu emprego devido à pandemia de Corona que eclodiu em 2020.

Em 9 de junho, ele foi enterrado em Pearland, Texas, o estado onde cresceu. Havia um culto memorial na igreja de Houston antes.

Agentes

Chauvin era um homem branco de 44 anos que trabalhava como policial para o Departamento de Polícia de Minneapolis desde 2001. Ele tinha dezoito queixas em seu nome, duas das quais resultaram em uma repreensão oficial.

Um dos três outros oficiais foi acusado em 2017 de usar força excessiva no desempenho de suas funções. O caso foi resolvido fora do tribunal com US$ 25.000. Os outros dois oficiais estavam em serviço há pouco tempo.

Todos os quatro oficiais foram demitidos e acusados logo após a morte de Floyd. O oficial que colocou seu joelho sobre o pescoço de Floyd arrisca-se a uma pena de prisão de até 40 anos.

Declarações da polícia e do pessoal da ambulância

Pouco depois das 20h do dia 25 de maio, Dia da Memória, a polícia de Minneapolis respondeu a um relatório de pagamento com dinheiro falsificado na Avenida Sul de Chicago, no bairro de Powder horn. De acordo com um co-proprietário de uma loja de alimentos próxima, um funcionário determinou que Floyd havia tentado pagar com uma conta falsa de $20. A polícia foi chamada para isso e encontrou Floyd em um carro nas proximidades. De acordo com eles, Floyd estava sob a influência. Um porta-voz da polícia declarou que os policiais tinham ordenado que ele saísse do veículo, após o que ele teria resistido fisicamente. Os dois policiais então lhe pediram para entrar no carro da polícia, depois do que ele gritou que era claustrofóbico, e entrou em pânico. Depois disso, mais dois policiais chegaram para pedir reforços, incluindo o policial que manteve seu joelho no pescoço do Floyd por minutos.

Segundo a polícia de Minneapolis, os policiais conseguiram algemar o suspeito e determinaram que ele estava sofrendo de problemas médicos. A isso eles chamaram uma ambulância. De acordo com a declaração da polícia, nenhuma arma foi usada na prisão. De acordo com os Bombeiros de Minneapolis, o pessoal da ambulância transportou o homem do local e tentou ressuscitá-lo. Eles determinaram que ele não tinha batimento cardíaco e que não respondia aos procedimentos médicos. Floyd foi então levado ao Centro Médico do Condado de Hennepin, onde ele foi declarado morto.

Vídeo ao vivo

Parte da prisão foi filmada por um espectador e transmitida ao vivo no Facebook ao vivo. Este vídeo rapidamente se tornou viral. No vídeo, um oficial pode ser visto pressionando o pescoço do Floyd com um joelho.

No momento em que o vídeo começa, Floyd já está deitado na rua com o peito pressionado, enquanto o oficial se ajoelha em seu pescoço e se dirige a ele de forma humilhante. Floyd pede que o joelho seja retirado de seu pescoço e indica que ele está engasgado. O oficial responde sarcasticamente com "Você pode falar, assim você pode respirar". Um espectador chama o oficial para dar espaço ao Floyd para respirar. Apesar dos contínuos apelos de Floyd e das reações dos espectadores, o policial não retira seu joelho do pescoço de Floyd. Floyd finalmente pára de tentar se levantar, fica sangrando pelo nariz. Mais tarde, ele perde a consciência. Os policiais ignoram os pedidos dos transeuntes para tomar o pulso de Floyd.

O oficial só retirou seu joelho do pescoço do Floyd quando os serviços médicos de emergência chegaram para levantar seu corpo em uma maca. Ele foi levado em uma ambulância. Este vídeo mostra o policial ajoelhado no pescoço do Floyd's por pelo menos sete minutos.

Outra filmagem em vídeo

Um segundo vídeo de um espectador, filmado a partir de um veículo, mostra Floyd sendo retirado de seu carro. Esta filmagem não mostra, de acordo com vários veículos de mídia, que Floyd resistiu.

Um vídeo de seis minutos de uma câmera de vigilância em um restaurante próximo foi posteriormente distribuído pela mídia de notícias. Isto mostra dois policiais retirando um homem de um veículo. O homem é algemado e levado para a calçada, onde ele se senta. Chega um terceiro oficial. Mais tarde, um policial ajuda o homem a se levantar e dois policiais o levam para um veículo policial, onde o homem cai no chão. Embora a polícia tenha inicialmente afirmado que Floyd tinha resistido fisicamente à prisão, este vídeo de vigilância mostra os policiais segurando-o calmamente. Outras imagens de vídeo apóiam estas imagens descritas.

A causa da Morte

A autópsia inicial foi ordenada pelas autoridades e inicialmente o resultado foi que Floyd morreu devido a uma combinação de ateromasias do coração, hipertensão, envenenamento por fentanil e uso recente de metanfetaminas. A família de Floyd não confiava neste resultado e, portanto, teve uma segunda autópsia realizada por um partido independente, Michael Baden e Allecia Wilson, e eles concluíram que a asfixia foi a causa da morte. Após esta segunda autópsia, o patologista da primeira autópsia revisou seu relatório e confirmou "que Floyd morreu porque não havia sangue suficiente fluindo para seu cérebro como resultado da pinça no pescoço enquanto ele estava preso por policiais de Minneapolis".

A morte de Floyd provocou vários dias de manifestações contra a brutalidade policial em todo o mundo

A linha do tempo da história afro-americana

A linha do tempo abaixo destaca marcos na história dos afro-americanos, com links para artigos relacionados. As inscrições estão agrupadas em oito grandes períodos:

- **Século II AD-1789: Do Velho ao Novo Mundo**

- **1790–1863: A escravidão dos africanos**

- **1864–1916: Reconstrução e o início da Grande Migração**

- **1917-37: A Era do Jazz e a Renascença do Harlem**

- **1938-59: O nascimento do Movimento dos Direitos Civis**

- **1960–69: O Movimento dos Direitos Civis e o Poder Negro**

- **1970–89: Mudanças revolucionárias**

- **1990-presente: Os anos do Milênio**

ANÚNCIO DO século 2-3

- Aksum se torna o maior mercado do nordeste da África.

~600

- Gana, o primeiro dos grandes impérios comerciais da África ocidental medieval, é estabelecido. Seu povo atua como intermediário entre os comerciantes árabes e berberes de sal ao norte e os produtores de ouro e marfim ao sul.

~1100

- O Grande Zimbábue (no que mais tarde seria o sudeste do Zimbábue) começa cerca de 400 anos como o coração de um grande império comercial.

1230

- Sundiata, um monarca da África Ocidental, estabelece o império de Mali, que floresce por dois séculos e dura por três.

1307

- Mansa Musa toma o trono do grande Império de Mali.

1400

- Uma aliança frouxa de sete estados africanos é formada. Conhecidos como os estados Hausa, eles florescem até o século XIX, quando são conquistados pelos Fulani.

1441

- Os primeiros escravos africanos são transportados para Portugal.

1464

- Sonni 'Ali ascende ao trono do reino Songhai. Com sua morte em 1492, o Songhai controla um vasto império comercial que se estende até o final do século XVI.

1517

- A escravidão nas plantações negras começa no Novo Mundo quando os espanhóis começam a importar escravos da África para substituir os nativos americanos. Os nativos americanos morreram devido às duras condições de trabalho e exposição a doenças do Velho Mundo, às quais eles não tinham imunidade.

1565

- Os espanhóis levam escravos para St. Augustine, o primeiro assentamento permanente no que mais tarde seria o estado da Flórida.

1619

- Um navio holandês com 20 escravos africanos a bordo chega à colônia inglesa de Jamestown, Virgínia.

1650

- O Império Yoruba Oyo começa a crescer poderoso no que mais tarde seria o sudoeste da Nigéria. O império atinge seu apogeu na primeira parte do século XVIII.

1700

- Os Ashanti começam a fornecer escravos a comerciantes britânicos e holandeses na costa sudoeste da África (mais tarde, no sul de Gana). Em troca, eles recebem armas de fogo, que utilizam para apoiar sua expansão territorial.

1739

- A Rebelião de Stono, uma das primeiras revoltas de escravos, ocorre em Charleston, na colônia de maioria negra da Carolina do Sul. A rebelião leva à morte de pelo menos 20 brancos e mais de 40 negros.

1746

- A poetisa e contadora de histórias Lucy Terry, uma escrava, compõe o poema "Bars Fight", o mais antigo poema existente por uma afro-americana. Passado oralmente por mais de 100 anos, ele aparece pela primeira vez no prelo em 1855.

1760

- Júpiter Hammon, um escravo de Connecticut, escreve uma autobiografia muitas vezes considerada a primeira narrativa de escravos.

1770

- Crispus Attucks, um escravo fugitivo, é morto por soldados britânicos no Massacre de Boston. Ele é uma das primeiras pessoas a morrer na causa da independência americana.

1772

- Jean-Baptist-Point Du Sable, um comerciante negro pioneiro, constrói um posto de comércio de peles no Rio Chicago, no Lago Michigan. Seu sucesso leva ao assentamento que mais tarde se torna a cidade de Chicago.

1773

- Phillis Wheatley, a primeira poetisa negra notável dos Estados Unidos, publica na Inglaterra seus POEMAS SOBRE DIVERSOS ASSUNTOS, RELIGIOSOS E MORAIS. Wheatley é aclamado na Europa e América após a publicação da obra, que é o primeiro livro de literatura afro-americana.

1777

- Vermont, ainda não pertencente aos Estados Unidos, torna-se a primeira colônia a abolir a escravidão em sua constituição.

1781

- James Armistead (mais tarde James Lafayette), um escravo, espião das forças britânicas na Virgínia para o marquês de Lafayette durante a Revolução Americana.

1789

- Olaudah Equiano publica sua autobiografia de dois volumes, A INTERESSANTE NARRATIVA DA VIDA DE OLAUDAH EQUIANO; OU GUSTAVUS VASSA, O AFRICANO, ESCRITO POR ELE MESMO. Esta narrativa escrava pioneira torna-se altamente popular.

1790–1863: A escravidão dos africanos

1790

- Benjamin Banneker, matemático e compilador de almanaques, é nomeado pelo Presidente George Washington para a Comissão do Distrito de Columbia. Para a comissão, Banneker trabalha na pesquisa de Washington, D.C.

1793

- O Congresso aprova a primeira Lei do Escravo Fugitivo, tornando um crime abrigar um escravo fugitivo ou interferir com sua prisão.

1793

- Eli Whitney inventa o descaroçador de algodão, uma máquina que facilita o processamento do algodão. É creditado o estabelecimento do algodão como a cultura mais importante do sul americano. Para suprir a crescente demanda dos proprietários de moinhos de algodão, mais escravos são importados para trabalhar nos campos de algodão. O descaroçamento do algodão ajuda assim a institucionalizar a escravidão.

1799

- Richard Allen se torna o primeiro ministro negro ordenado da Igreja Episcopal Metodista.

1800

- Um escravo chamado Gabriel planeja a primeira grande rebelião de escravos na história dos Estados Unidos. Ele reúne mais de 1.000 escravos armados perto de Richmond, Virgínia. Após a fracassada revolta, 35 escravos, incluindo Gabriel, são enforcados.

1816

- A Igreja Episcopal Metodista Africana está formalmente organizada. Richard Allen se torna seu primeiro bispo.

1817

- A Sociedade Americana de Colonização é estabelecida para transportar negros nascidos livremente e escravos libertados para a África. Mais tarde, a sociedade funda uma colônia na África que se torna a República da Libéria em 1847.

1820

- O Compromisso do Missouri prevê que o Missouri seja admitido na União como um estado escravo. A escravidão não será permitida no Maine e nos territórios ocidentais ao norte da fronteira sul do Missouri.

1822

- Dinamarca Vesey, um escravo libertado, planeja a maior revolta de escravos da história dos Estados Unidos, em Charleston, Carolina do Sul. A rebelião é traída antes que o plano possa ser realizado. Vesey e outros 34 são enforcados.

1829

- O abolicionista afro-americano David Walker publica o panfleto APELO... AOS CIDADÃOS DE COR DO MUNDO..., apelando para uma revolta de escravos. Radical para a época, ele é aceito por uma pequena minoria de abolicionistas.

1831

- William Lloyd Garrison, um homem branco, começa a publicar o jornal antislavidão THE LIBERATOR. Ele pede a libertação dos escravos afro-americanos.

- Nat Turner, um escravo na Virgínia, lidera a única rebelião escrava eficaz e sustentada na história dos Estados Unidos. A ele se juntam 75 companheiros escravos, que matam 60 brancos. Cerca de seis semanas após a derrota da rebelião, Turner é enforcado.

1833

- A American Anti-Slavery Society, o principal braço ativista do movimento abolicionista, é fundada sob a liderança de William Lloyd Garrison.

1839

- Revolta dos escravos no navio espanhol AMISTAD, perto da costa de Cuba. Os rebeldes são presos em águas próximas a Nova York. O ex-presidente dos EUA John Quincy Adams os defende com sucesso perante a Suprema Corte.

1840

- O Partido da Liberdade realiza sua primeira convenção nacional em Albany, Nova York. Em oposição ao companheiro abolicionista William Lloyd Garrison, os membros acreditam na ação política para promover metas antiesclavagistas.

1843

- Henry Highland Garnet, abolicionista e clérigo afro-americano, faz um discurso controverso na convenção nacional de negros livres. Ele choca seus ouvintes ao chamar os escravos para assassinarem seus senhores.

1847

- Joseph Jenkins Roberts, o filho de negros livres na Virgínia, é eleito o primeiro presidente da Libéria.

- Frederick Douglass, um escravo fugitivo, começa a publicar THE NORTH STAR, um jornal antiescravidão.

1848

- O Free-Soil Party, um partido político menor, mas influente, nomeia o ex-presidente dos Estados Unidos Martin Van Buren para chefiar seu bilhete. O partido se opõe à extensão da escravidão para os territórios ocidentais.

1850

- Falando em nome do movimento abolicionista, Sojourner Truth, um evangelista e reformador negro, viaja pelo meio-oeste americano. Ela atrai grandes multidões.

- Harriet Tubman retorna a Maryland para guiar os membros de sua família à liberdade através da Ferrovia Subterrânea. Depois de ajudar mais de 300 escravos a escapar, ela passa a ser conhecida como "o Moisés de seu povo".

- Num esforço para manter um equilíbrio equilibrado entre estados livres e escravos, o Congresso dos Estados Unidos aprova uma série de medidas de compromisso. Elas incluem uma nova e mais rigorosa Lei do Escravo Fugitivo, que contribui para a disseminação do movimento abolicionista.

1853

- O ministro episcopal americano Alexander Crummell torna-se um missionário e professor na Libéria. Ele defende um programa de conversão religiosa e de desenvolvimento econômico e social.

- William Wells Brown publica CLOTEL, o primeiro romance de um afro-americano. Brown, um ex-escravo, é um abolicionista, um historiador, um médico e também um autor.

1854

- É publicada a coleção de versos mais popular da autora Frances E.W. Harper, POEMAS SOBRE DIVERSOS ASSUNTOS. Contém o poema antiescravidão "Enterre-me em uma Terra Livre".

1856

- Na disputa em curso entre as forças proslaves e antieslaves no Kansas, uma turba saca a cidade de Lawrence, um "viveiro de abolicionismo". Como retaliação, o abolicionista branco John Brown lidera um ataque mortal a um assentamento de proslavidão em Pottawatomie Creek.

1857

- Em sua decisão Dred Scott, a Suprema Corte dos Estados Unidos legaliza a escravidão em todos os territórios. A decisão aumenta as tensões entre o Norte e o Sul e empurra o país para a guerra civil.

1859

- Harriet E. Wilson escreve OUR NIG, um romance em grande parte autobiográfico sobre o racismo no Norte antes da Guerra Civil americana.

- A Suprema Corte dos EUA, no caso ABLEMAN V. BOOTH, mantém a Lei do Escravo Fugitivo de 1950. Ela anula um ato de um tribunal estadual do Wisconsin que declarou o ato inconstitucional.

- Martin R. Delany, médico e defensor do nacionalismo negro, lidera um partido na África Ocidental. Ele investiga o Delta do Níger como um local de colonização de afro-americanos.

1860

- Depois que Abraham Lincoln vence as eleições presidenciais americanas, a Carolina do Sul se separa da União em dezembro. É seguida em janeiro de 1861 pelo Mississippi, Flórida, Alabama, Geórgia e Louisiana, e em fevereiro pelo

Texas. À medida que as linhas de batalha são traçadas, Virginia, Carolina do Norte, Arkansas e Tennessee também optam pela secessão.

1861

- A Guerra Civil Americana começa perto de Charleston, Carolina do Sul, quando os Confederados abrem fogo em Fort Sumter.

1861

- Harriet Jacobs publica INCIDENTES NA VIDA DE UMA ESCRAVA, a primeira autobiografia de uma mulher afro-americana anteriormente escravizada.

1861

- Pinckney Pinchback, um negro nascido livremente, dirige o bloqueio confederado no rio Mississippi para chegar a Nova Orleans. Lá ele recruta uma empresa de voluntários negros para a União, o Corps d'Afrique.

1862

- O futuro congressista norte-americano Robert Smalls e outros 12 escravos negros tomam o controle de uma fragata armada da Confederação no porto de Charleston, na Carolina do Sul. Eles entregam o navio a uma esquadra naval da União que bloqueia a cidade.

- A segunda Lei de Confisco é aprovada, declarando que os escravos de funcionários civis e militares da Confederação "serão para sempre livres". A lei é aplicável somente em áreas do Sul ocupadas pelo Exército da União.

1863

- Em 1º de janeiro, o Presidente Abraham Lincoln assina a Proclamação de Emancipação, libertando os escravos dos Estados Confederados.

1864–1916: Reconstrução e o início da grande Migração

1864

- A indignação do sul com o uso de soldados negros pelo norte se acende. As forças confederadas capturam Forte Pillow, Tennessee, e massacram as tropas negras da União dentro; algumas são queimadas ou enterradas vivas.

- O Presidente Abraham Lincoln se recusa a assinar a Lei Wade-Davis, que exige maiores garantias de lealdade à União por parte dos cidadãos brancos e dos governos dos estados que se separaram.

1865

- A Guerra Civil Americana termina em 26 de abril, após a rendição dos generais da Confederação Robert E. Lee e J.E. Johnston.

- O Congresso estabelece o Bureau Freedmen's para ajudar quatro milhões de negros americanos na transição da escravidão para a liberdade.

1866

- Os estados da antiga Confederação aprovam leis de "código negro" para assegurar que a supremacia branca continue, apesar da Proclamação de Emancipação e da Décima Terceira Emenda.

- O Exército dos EUA forma regimentos de cavalaria e infantaria negra que servem no Ocidente de 1867 a 1896. As unidades combatem principalmente os índios americanos na fronteira. Os índios os apelidam de "soldados búfalos".

- Os brancos revoltosos matam 35 cidadãos negros de Nova Orleans, Louisiana, e ferem mais de 100 pessoas, com a participação da polícia local. Os tumultos levam a um maior apoio a políticas fortes de Reconstrução.

1867

- A Howard University, uma universidade predominantemente negra, é fundada em Washington, D.C. É nomeada pelo General Oliver Otis Howard, chefe do Freedmen's Bureau.

1868

- A Décima Quarta Emenda da Constituição dos EUA é ratificada, concedendo cidadania e direitos civis e legais iguais aos afro-americanos.

- A Assembléia Geral da Carolina do Sul é composta por 85 representantes negros e 70 brancos. Um produto da Reconstrução, é a primeira legislatura estadual com maioria negra.

- Elizabeth Keckley publica sua autobiografia, BASTIDORES; OU, TRINTA ANOS UM ESCRAVO E QUATRO ANOS NA CASA BRANCA. Keckley saiu da escravidão para se tornar a costureira e confidente da Primeira Dama Mary Todd Lincoln.

1870

- Hiram R. Revels of Mississippi toma a antiga sede de Jefferson Davis no Senado dos Estados Unidos. O Revels é o único afro-americano no Congresso dos EUA e o primeiro eleito para o Senado.

- Joseph Hayne Rainey é o primeiro afro-americano eleito para a Câmara dos Deputados dos Estados Unidos. Este congressista da Carolina do Sul terá o mandato mais longo de qualquer representante afro-americano durante a Reconstrução.

- A Décima Quinta Emenda à Constituição dos EUA é ratificada, garantindo o direito de voto independentemente de "raça, cor ou condição prévia de servidão".

1877

- A reconstrução termina quando as últimas tropas federais são retiradas do Sul. Os conservadores do Sul recuperam o controle de seus governos estaduais através de fraude, violência e intimidação.

1879

- A história do autor Joel Chandler Harris "Tar-Baby" populariza a figura de boneco de alcatrão pegajoso dos contos folclóricos negros americanos. Ela se baseia no conto africano de truques.

1881

- O Tuskegee Normal and Industrial Institute no Alabama é fundado em 4 de julho. Booker T. Washington é o primeiro presidente da escola.

- O Tennessee torna-se o primeiro estado a promulgar uma lei Jim Crow. A lei exige que negros e brancos andem em vagões ferroviários separados.

1883

- O inventor Jan Ernst Matzeliger patenteia sua máquina de calçado que molda as porções superiores dos sapatos. Sua invenção logo substitui os métodos artesanais de produção.

1887

- A Florida A&M University é fundada como a Escola Estadual Normal (formação de professores) para estudantes de cor.

- O jornalista negro T. Thomas Fortune começa a editar a NEW YORK AGE. Seus conhecidos editoriais defendem os direitos civis dos afro-americanos e condenam a discriminação racial.

1892

- Os escritórios do MEMPHIS FREE SPEECH são destruídos após editoriais pela proprietária parcial Ida B. Wells denunciando o linchamento de três de seus amigos.

1895

- Na Exposição de Atlanta, o educador Booker T. Washington faz seu discurso "Compromisso de Atlanta". Ele enfatiza a importância da educação vocacional para negros sobre a igualdade social ou o cargo político.

1896

- Mary Church Terrell torna-se a primeira presidente da Associação Nacional de Mulheres de Cor, trabalhando pela reforma educacional e social e pelo fim da discriminação racial.

- Na decisão PLESSY VS. FERGUSON relativa à segregação racial, a Suprema Corte dos EUA sustenta a doutrina de "separados, mas iguais". Sustenta que as leis que exigem que negros e brancos utilizem instalações públicas separadas são constitucionais, desde que as instalações sejam razoavelmente iguais.

- Paul Laurence Dunbar, aclamado como "o poeta laureado da raça negra", publica a coleção de poesias LYRICS OF LOWLY LIFE.

1899

- O compositor e pianista Scott Joplin publica "Maple Leaf Rag". É uma das composições musicais mais importantes e populares durante a era do ragtime-precursor do jazz.

1900

- Originalmente uma paródia de escravos às danças de salão brancas, a pista de dança se torna uma dança muito popular entre brancos da moda, bem como entre trovadores brancos que trabalham com cara negra.

1901

- Booker T. Washington janta com o Presidente Theodore Roosevelt na Casa Branca. A reunião de jantar é amargamente criticada por muitos brancos, que a vêem como um marcado afastamento da etiqueta racial.

1903

- W.E.B. Du Bois publica THE SOULS OF BLACK FOLK (AS ALMAS DO POVO NEGRO). Declara que "o problema do século XX é o problema da linha de cor".

- Em protesto às opiniões do Booker T. Washington, W.E.B. Du Bois sugere o conceito do "Décimo Talento" - um grupo de líderes negros com formação universitária responsáveis pela elevação de negros econômica e culturalmente.

1905

- O Movimento Niágara é fundado como um grupo de intelectuais negros de todo o país se encontram perto das Cataratas do Niágara, Ontário, Canadá. Eles adotam resoluções exigindo plena igualdade na vida americana. W.E.B. Du Bois é o líder da organização.

- A Madame C.J. Walker desenvolve e comercializa um método para alisar cabelos encaracolados. Isto a leva a tornar-se a primeira milionária negra nos Estados Unidos.

1906

- Atlanta Baptist College expande seu currículo e é renomeado Morehouse College.

1908

- Em Springfield, Illinois, ocorre um grande motim racial; a comunidade negra é agredida por vários milhares de cidadãos brancos, e dois negros idosos são linchados.

1909

- Um grupo de brancos chocados com o motim de Springfield de 1908 se fundiu com o Movimento Niágara de W.E.B. Du Bois. Juntos, eles formam a Associação Nacional para o Progresso das Pessoas de Cor (NAACP).

1910

- A CRISIS, uma revista mensal publicada pela NAACP, é fundada. W.E.B. Du Bois edita a revista por seus primeiros 24 anos.

- O jazz começa a evoluir em Nova Orleans, Louisiana.

1911

- A organização mais tarde denominada National Urban League é formada na cidade de Nova York. Sua missão é ajudar os afro-americanos migrantes a encontrar emprego e moradia e se adaptar à vida urbana.

- O antropólogo americano de origem alemã Franz Boas publica THE MIND OF PRIMITIVE MAN, uma série de palestras sobre cultura e raça. Seu trabalho é usado com freqüência nos anos 20 por aqueles que se opõem às restrições de imigração dos EUA com base em supostas diferenças raciais.

1914

- Marcus Garvey funda a Associação Universal de Melhoramento de Negros (UNIA) em sua terra natal, a Jamaica. A organização tem como objetivo promover o orgulho racial e a auto-suficiência econômica e estabelecer uma nação negra na África.

- George Washington Carver, do Instituto Tuskegee, revela suas experiências com amendoins e batata doce. Ele populariza culturas alternativas e ajuda na renovação de terras empobrecidas no Sul.

1915

- O historiador Carter G. Woodson funda a Associação para o Estudo da Vida e História dos Negros. Ela se destina a auxiliar no estudo preciso e adequado da história afro-americana.

- O boxeador Jack Johnson, o primeiro campeão mundial de pesos pesados negros, perde o título em 26 rounds para Jess Willard, o último de uma sucessão de "Grandes Esperanças Brancas". Rumores afirmam que Johnson perdeu intencionalmente na tentativa de evitar dificuldades legais.

- Uma divisão da Convenção Batista Nacional produz a Convenção Batista Nacional da América, a maior igreja negra dos Estados Unidos.

1916

- O período conhecido como a Grande Migração começa. Entre 1916 e 1970, cerca de seis milhões de sulistas afro-americanos migram para os centros urbanos do Norte e do Oeste.

1917-37: A Era do Jazz e a Renascença do Harlem

1917

- O ódio entre os brancos contra os afro-americanos recentemente empregados em indústrias de guerra leva a um tumulto racial em St. Louis Oriental, Illinois. multidões de brancos atacam os moradores negros, esfaqueando, dando golpes e enforcando-os. Cerca de 6.000 pessoas negras são expulsas de suas casas, e 40 negros e 8 brancos são mortos.

1918

- James VanDerZee e sua esposa abrem o estúdio de fotografia Guarantee no distrito de Harlem, na cidade de Nova York. Os retratos que ele filma mais tarde se tornam uma crônica preciosa da Renascença do Harlem.

1919

- Durante o verão vermelho (que significa "verão sangrento"), cerca de 25 tumultos raciais irrompem em cidades de todos os Estados Unidos. A violência mais severa ocorre no lado sul de Chicago. Esse motim deixa 23 negros e 15 brancos mortos, 537 feridos e 1.000 famílias negras desabrigadas.

- A'Lelia Walker herda os negócios e bens da família com a morte de sua mãe, Madame C.J. Walker. Na década de 1920 ela entretém os principais escritores e artistas da Renascença do Harlem.

1920

- Marcus Garvey, líder da Universal Negro Improvement Association (UNIA), dirige-se a 25.000 negros no Madison Square Garden, em Nova Iorque. Ele então preside um desfile de 50.000 pessoas pelas ruas do Harlem.

- A Liga Nacional Negra, uma associação de equipes afro-americanas de beisebol, é estabelecida. É a primeira das ligas negras de beisebol.

1921

- SHUFFLE ALONG, um musical de Eubie Blake e Noble Sissle, abre na Broadway. É o primeiro musical escrito e apresentado por afro-americanos.

1922

- Louis Armstrong deixa Nova Orleans para Chicago, onde toca o segundo trompete na banda de jazz crioulo do Rei Oliver. O trabalho de Armstrong na década de 1920 revolucionaria o jazz.

- A piloto de avião Bessie Coleman faz o primeiro vôo público por uma mulher afro-americana. Mais tarde, ela se recusaria a se apresentar em shows aéreos antes de audiências segregadas no Sul.

1923

- Charles Clinton Spaulding torna-se presidente da Companhia de Seguros de Vida Mútua da Carolina do Norte. Ele a incorpora à maior empresa de propriedade negra do país.

- O pianista de jazz e arranjador Fletcher Henderson se torna um líder de banda. Sua famosa banda avança a carreira de músicos afro-americanos como Louis Armstrong, Coleman Hawkins, e Roy Eldridge.

- O poeta e romancista Jean Toomer publica sua obra-prima, o romance experimental CANE. É muitas vezes considerado uma das maiores realizações do Harlem Renaissance.

- A cantora de Blues Bessie Smith faz sua primeira gravação. Ela acabará se tornando conhecida como "Imperatriz do Blues".

1924

- O Seminário Spelman se torna o Colégio Spelman. A escola começou na Geórgia em 1881, com duas mulheres de Boston ensinando 11 mulheres negras em um porão da igreja de Atlanta.

- Em um jantar patrocinado pela revista OPPORTUNITY, escritores negros e editores brancos se misturam. O evento é considerado o início formal do Harlem Renaissance.

1925

- O NOVO NEGRO, uma coleção de ficção, poesia, drama e ensaios associados à Renascença do Harlem, é editado por Alain Locke.

- A cantora e bailarina Josephine Baker vai a Paris para dançar em uma revista. Ela se torna uma das animadoras mais populares da França.

- Countee Cullen, um dos melhores poetas da Renascença do Harlem, publica sua primeira coleção de poemas, COLOR. Ele se forma na faculdade no final do ano.

- O Ku Klux Klan, um grupo de ódio supremacista branco, organiza um desfile de 50.000 membros desmascarados em Washington, D.C. Nos anos 1920, o Klan tem mais de 4 milhões de membros em todo o país.

- A. Philip Randolph, sindicalista e líder dos direitos civis, funda a Irmandade dos Portadores de Carros Adormecidos, que se torna o primeiro sindicato negro de sucesso.

- Em um histórico banquete de premiação literária durante o Harlem Renaissance, Langston Hughes ganha o primeiro lugar em poesia. Seu poema vencedor, "The Weary Blues", é lido em voz alta por James Weldon Johnson.

1926

- Pianista, compositor e autoproclamado inventor do jazz, Jelly Roll Morton grava várias de suas obras-primas. Entre elas estão "Black Bottom Stomp" e "Dead Man Blues".

1927

- James Weldon Johnson publica GOD'S TROMBONES, um livro de poesia. Ele contém sermões de versos no estilo dos pregadores negros tradicionais do sul. O livro é ilustrado por Aaron Douglas.

- A poetisa e dramaturga Angelina Weld Grimké publica CAROLING DUSK, uma antologia de sua poesia editada por Countee Cullen.

- O pintor Henry Ossawa Tanner se torna o primeiro afro-americano a ser admitido como membro pleno da Academia Nacional de Design.

- A cantora e atriz Ethel Waters faz sua primeira aparição na Broadway, na revista toda negra AFRICANA.

- O time de basquete profissional todo negro conhecido como Harlem Globetrotters é estabelecido.

1928

- O poeta e romancista Claude McKay publica HOME TO HARLEM, o primeiro romance de um afro-americano a alcançar as listas de best-sellers.

1929

- John Hope é escolhido como presidente da Universidade de Atlanta, a primeira escola de pós-graduação para afro-americanos. Mais tarde, ela se torna a Universidade Clark Atlanta.

1931

- Nove jovens negros acusados de estuprar duas mulheres brancas em um trem de carga vão a julgamento por suas vidas em Scottsboro, Alabama. Grupos liberais e radicais do norte defendem a causa dos "Scottsboro Boys".

- Walter White torna-se secretário executivo da NAACP. Seu principal objetivo é conseguir o fim do linchamento. No início do século 20, havia frequentemente mais de 60 linchamentos a nível nacional a cada ano. Na época da morte de White, em 1955, os linchamentos se tornariam uma raridade.

1932

- Em Tuskegee, Alabama, o Serviço de Saúde Pública dos EUA inicia um estudo de 40 anos sobre o curso de sífilis não tratada em homens negros. Nesta experiência médica antiética, o tratamento foi intencionalmente retido dos sujeitos de teste, mesmo quando alguns deles ficaram cegos e loucos com a doença. Mais de 100 dos homens acabaram morrendo de sífilis.

- Wallace Thurman, jovem rebelde literário do Harlem Renaissance, publica seu romance satírico INFANTS OF THE SPRING.

1934

- Wallace D. Fard, fundador do movimento da Nação do Islamismo, desaparece. Ele é substituído por Elijah Muhammad.

1936

- O atleta de atletismo Jesse Owens ganha quatro medalhas de ouro nos Jogos Olímpicos de Berlim, Alemanha, em 1936. Suas vitórias fazem descarrilar a intenção de Adolf Hitler de usar os jogos como um show de supremacia branca.

- O músico de blues Delta Robert Johnson faz suas lendárias e influentes gravações no Texas. Elas incluem "Me and the Devil Blues", "Hellhound on My Trail", e "Love in Vain".

1937

- A escritora e folclorista Zora Neale Hurston publica seu segundo romance, THEIR EYES WERE WATCHING GOD. É considerado o seu melhor livro.

1938-59: O início do Movimento pelos Direitos Civis

1938

- Em um nocaute na primeira rodada de sua desforra, o campeão de boxe de peso pesado Joe Louis derruba a vingança sobre Max Schmeling da Alemanha. Schmeling foi o único boxeador a ter nocauteado Louis em seu auge.

- A vocalista de jazz Billie Holiday faz várias de suas melhores gravações com o saxofonista Lester Young.

1939

- O Conde Basie lidera sua lendária banda de jazz de Kansas City. Ela inclui o saxofonista Lester Young, o trompetista Buck Clayton, o baixista Walter Page, e o baterista Jo Jones.

- As Filhas da Revolução Americana se recusam a permitir que a cantora Marian Anderson alugue o Constitution Hall para um concerto em Washington, D.C. Em vez disso, ela se apresenta no Lincoln Memorial diante de uma platéia de 75.000 pessoas.

- O Fundo de Defesa e Educação Jurídica da NAACP está organizado para lutar contra as leis que permitem a discriminação racial. Charles Hamilton Houston lidera o esforço para explorar alguns dos melhores talentos legais do país na luta pelos direitos civis.

1940

- O autor Richard Wright publica sua obra-prima, NATIVE SON. O romance duro e trágico coloca imediatamente Wright nas primeiras fileiras dos escritores americanos contemporâneos.

- Benjamin Oliver Davis, Sr. se torna o primeiro general negro do Exército dos EUA.

- O pintor Jacob Lawrence começa a trabalhar na MIGRAÇÃO DO NEGRO, uma série de 60 pinturas. A série retrata a viagem dos afro-americanos do Sul para as cidades do Norte, na Grande Migração.

- Duke Ellington lidera sua maior banda. Ela inclui o baixista Jimmy Blanton, o saxofonista Ben Webster e o trompetista Cootie Williams.

1941

- Após consideráveis protestos, o Departamento de Guerra dos EUA forma a primeira unidade da força aérea afro-americana, o 99º Esquadrão de Perseguição. Seus homens de serviço passam a ser conhecidos como os pilotos de Tuskegee. Benjamin Oliver Davis, Jr., comanda o esquadrão.

1942

- Embora as forças armadas americanas comecem a aceitar doações de sangue de negros, as forças armadas resolvem segregar racialmente o suprimento de sangue. Como resultado, Charles Richard Drew, desenvolvedor e diretor de programas de plasma sanguíneo durante a Segunda Guerra Mundial, demite-se.

1942

- James Farmer funda a organização inter-racial que se torna o Congresso de Igualdade Racial (CORE). Suas táticas de ação direta alcançam destaque nacional durante os Passeios da Liberdade de 1961.

1942

- Bebop (ou bop) nasce das experiências musicais dos músicos de jazz do Harlem, incluindo o saxofonista Charlie Parker, o trompetista Dizzy Gillespie e o pianista Thelonious Monk.

1943

- O dançarino Bill ("Bojangles") Robinson aparece com a cantora Lena Horne no filme musical "STORMY WEATHER", em tempo de guerra, todo negro.

1945

- A revista EBONY é fundada por John H. Johnson de Chicago. Modelada depois da VIDA, mas destinada à classe média negra, a revista é um sucesso instantâneo.

- Adam Clayton Powell, Jr., pastor da Igreja Batista Abissiniana no Harlem, é eleito para a Câmara dos Deputados dos EUA como democrata do Harlem (Nova Iorque). Ele serve 11 mandatos sucessivos.

1946

- O saxofonista Charlie Parker produz muitas das melhores gravações de sua carreira. Entre elas estão NOW'S THE TIME, KOKO, YARDBIRD SUITE, e ORNITHOLOGY.

1947

- Jackie Robinson se junta aos Brooklyn Dodgers, tornando-se o primeiro jogador afro-americano de beisebol nas ligas principais durante a era moderna.

- O historiador John Hope Franklin ganha atenção internacional com a publicação de FROM SLAVERY TO FREEDOM, uma pesquisa duradoura sobre a história afro-americana.

1948

- Satchel Paige, lendário lançador de beisebol das ligas negras, finalmente entra nas ligas principais após o "acordo de cavalheiros" que proíbe a assinatura de jogadores negros ser flexibilizado.

1949

- Não satisfeito com o rótulo de "discos de corrida" da revista BILLBOARD para sua tabela de música negra, Jerry Wexler, um repórter branco da revista, introduz a designação "rhythm and blues" (ritmo e blues).

1950

- Ralph Bunche recebe o Prêmio Nobel da Paz por seu trabalho como mediador das Nações Unidas (ONU) na disputa árabe-israelense na Palestina.

- Gwendolyn Brooks recebe o Prêmio Pulitzer de poesia para ANNIE ALLEN (1949), tornando-se a primeira escritora afro-americana a ganhar o prêmio.

- Depois que o cantor, ator e ativista Paul Robeson se recusa a jurar que não é comunista, o Departamento de Estado dos Estados Unidos suspende seu passaporte.

1952

- Ralph Ellison publica sua obra-prima, o romance HOMEM INVISÍVEL. Recebe o Prêmio Nacional do Livro, em 1953.

1954

- Em 17 de maio, a Suprema Corte dos Estados Unidos decidiu por unanimidade no processo BROWN VS. CONSELHO DE EDUCAÇÃO DE TOPEKA que a segregação racial nas escolas públicas viola a Décima Quarta Emenda à Constituição.

- Na Série Mundial contra os índios Cleveland, o jardineiro Willie Mays, dos New York Giants, faz "a captura". A

extraordinária captura sobre os ombros continua sendo uma
das jogadas mais comentadas da história do beisebol.

1955

- Os linchamentos continuam no Sul com o assassinato brutal
  de um jovem de 14 anos de Chicago, Emmett Till, em
  Money, Mississippi. A revista JET publica uma foto de seu
  cadáver mutilado.

- Rosa Parks, secretária da Montgomery, Alabama, capítulo da
  NAACP, recusa-se a ceder seu assento de ônibus a uma
  pessoa branca. Sua ação leva ao boicote dos ônibus de
  Montgomery de 1955-56.

- A diva Leontyne Price é triunfante no papel de título da TOSCA
  da National Broadcasting Company. Ela é a primeira afro-
  americana a cantar ópera para a televisão.

- O cantor, compositor e guitarrista Chuck Berry viaja de St.
  Louis, Missouri, para Chicago, Illinois. Lá ele grava MAYBELLENE,
  uma sensação imediata entre os adolescentes. O sucesso
  ajuda a moldar a evolução do rock and roll.

1956

- Clifford Brown, o trompetista mais influente de sua geração,
  morre aos 25 anos de idade em um acidente de carro.
  Notado por seu lirismo e graça da técnica, Brown é uma
  figura principal do estilo hard bop do jazz.

- Arthur Mitchell, futuro diretor do Teatro de Dança do
  Harlem, torna-se o único bailarino negro no Balé da cidade
  de Nova York. George Balanchine cria vários papéis
  especialmente para ele.

- O tenista Althea Gibson se torna o primeiro afro-americano
  a ganhar um título importante - Wimbledon duplica - assim
  como os franceses solteiros e duplos e os italianos solteiros.

1957

- A Southern Christian Leadership Conference é estabelecida pelo Reverendo Martin Luther King, Jr., e outros. Ela é formada para coordenar e ajudar as organizações locais que trabalham pela plena igualdade dos afro-americanos.

- O governador do Arkansas, Orval E. Faubus, tenta bloquear a dessegregação na Central High School em Little Rock, ordenando aos militares do estado que impeçam nove estudantes negros de entrar na escola. O presidente Dwight D. Eisenhower ordena às tropas federais que escoltem os alunos para a escola.

- Fullback Jim Brown começa sua carreira no futebol profissional com os Cleveland Browns. Ele lidera a Liga Nacional de Futebol apressado por oito de suas nove temporadas.

1958

- Boxer Sugar Ray Robinson, considerado por muitos como o maior lutador da história, conquista pela última vez o título de peso médio. Ele derrota Carmen Basilio em uma luta selvagem.

- Alvin Ailey funda o Teatro de Dança Americano Alvin Ailey. Composta principalmente por afro-americanos, a companhia de dança faz turnês extensivas tanto nos Estados Unidos como no exterior.

- Mahalia Jackson, conhecida como a "Rainha da Canção do Evangelho", junta-se ao Duke Ellington em seu interlúdio gospel BLACK, BROWN E BEIGE no Festival de Jazz de Newport de 1958.

1959

- Trumpeter Miles Davis registra KIND OF BLUE, muitas vezes considerado seu trabalho magistral.

- O cantor Ray Charles registra O QUE EU DISSE, que se torna seu primeiro milhão de vendas. Ele exemplifica o surgimento da música soul, combinando ritmo e blues com gospel.

- A RAISIN IN THE SUN, de Lorraine Hansberry, torna-se o primeiro drama de uma mulher negra a ser produzido na Broadway. A versão cinematográfica de 1961 apresenta Sidney Poitier e recebe um prêmio especial no festival de cinema de Cannes na França.

- A Motown Record Corporation é fundada em Detroit, Michigan, por Berry Gordy, Jr. O "som da Motown" domina a música popular negra até os anos 60. Também atrai um enorme público branco cruzado, tornando-se o "Som da América Jovem".

- O jogador de beisebol Ernie Banks, um dos melhores rebatedores de potência da história do jogo, é nomeado o jogador mais valioso da Liga Nacional pela segunda temporada consecutiva.

- Ornette Coleman, músico pioneiro do "free jazz", e seu quarteto tocam pela primeira vez no Five Spot Café de Nova York. A apresentação histórica provoca fortes reações - tanto admiradoras quanto condenatórias - da platéia.

1960–69: O movimento dos direitos civis e o poder negro

1960

- Jim Stewart e Estelle Axton, um irmão e irmã brancos, encontraram a Stax Records of Memphis, Tennessee. Ele vem para definir o som da música soul sulista identificada com artistas como Sam e Dave, Booker T. e os MG's, e Otis Redding.

- O movimento sit-in é lançado em Greensboro, Carolina do Norte, quando estudantes universitários negros se sentam em um balcão de almoço local "somente para brancos". Quando lhes é negado o serviço, eles educadamente, mas firmemente se recusam a sair. O sit-in é uma tática de desobediência civil não-violenta.

- Inspirado pelo movimento sit-in, o baterista de jazz Max Roach compõe e grava o histórico FREEDOM NOW SUITE.

- CORE organiza o Freedom Rides, no qual negros e brancos protestam contra a segregação, andando juntos em ônibus interestaduais pelo Sul. Os Freedom Riders encontram uma violência esmagadora, particularmente no Alabama, levando a uma intervenção federal.

- Whitney Young é nomeada diretora executiva da Liga Nacional Urbana. Ele trabalha para preencher a lacuna entre os líderes políticos e empresariais brancos e os negros pobres.

1962

- Wilt Chamberlain torna-se o primeiro jogador de basquetebol a marcar mais de 4.000 pontos em jogos da Associação Nacional de Basquetebol em temporada regular.

- A Suprema Corte dos EUA determina que a Universidade do Mississippi deve admitir seu primeiro estudante afro-americano, James Meredith.

- A revista NEW YORKER publica um longo artigo do autor James Baldwin sobre aspectos da luta pelos direitos civis. O artigo se torna um best-seller em forma de livro como THE FIRE NEXT TIME.

1963

- Em Birmingham, Alabama, o Comissário de Polícia Eugene ("Bull") Connor usa mangueiras de água e cães contra os manifestantes dos direitos civis, muitos dos quais são crianças. Isto leva a uma pressão crescente sobre o Presidente John F. Kennedy para agir.

- Medgar Evers, secretário de campo da NAACP no Mississippi, é baleado e morto na frente de sua casa. O assassinato seguiu uma transmissão histórica sobre o tema dos direitos civis do presidente John F. Kennedy.

- O Reverendo Martin Luther King, Jr., escreve "Carta de uma Cadeia de Birmingham". Ela é dirigida a oito clérigos que atacaram seu papel na liderança de protestos de direitos civis em Birmingham, Alabama. Amplamente reimpressa, a carta logo se torna um clássico da literatura de protesto

- Sidney Poitier ganha o Oscar como melhor ator por sua atuação em LILIES OF THE FIELD. Em 1967 ele estrelaria em dois filmes sobre relações raciais, ADIVINHE QUEM VEM AO JANTAR e NO CALOR DA NOITE.

- O movimento de direitos civis atinge um clímax dramático com uma marcha massiva em Washington, D.C. É organizado principalmente por Bayard Rustin. Entre os temas da marcha está uma demanda para que o Congresso aprove a Lei de Direitos Civis. Em Washington, uma audiência inter-racial de mais de 200.000 pessoas ouve

Martin Luther King Jr. proferir seu famoso discurso "Eu tenho um sonho".

1964

- Malcolm X deixa a Nação do Islã e forma sua própria organização religiosa. Ele faz a peregrinação a Meca, Arábia Saudita, modificando sua visão sobre o separatismo negro ao retornar aos Estados Unidos.

- A peça DUTCHMAN de LeRoi Jones (mais tarde chamado Imamu Amiri Baraka) aparece fora da Broadway e ganha aclamação da crítica. A peça expõe a raiva e a hostilidade reprimidas dos negros americanos contra a cultura branca dominante.

- Os corpos de três trabalhadores de direitos civis assassinados - dois brancos, um negro - são encontrados na Filadélfia, Mississippi.

- O Presidente Lyndon Baines Johnson assina a Lei dos Direitos Civis. Ela dá aos órgãos federais de aplicação da lei o poder de impedir a discriminação racial no emprego, na votação e no uso de instalações públicas.

- O Reverendo Martin Luther King, Jr., recebe o Prêmio Nobel da Paz em Oslo, Noruega.

- Bob Gibson, lançador do St. Louis Cardinals, começa uma série sem precedentes de sete vitórias consecutivas na World Series.

- O saxofonista de jazz John Coltrane grava sua obra-prima, A LOVE SUPREME.

- A Vigésima Quarta Emenda à Constituição dos Estados Unidos é ratificada. Ela garante que não pode ser negado aos cidadãos o direito de votar nas eleições presidenciais ou congressionais por causa do não pagamento de um imposto.

Tais impostos de votação foram usados no Sul para negar aos negros o direito de voto.

1965

- A Lei do Direito de Voto é aprovada após a Marcha Selma-para-Montgomery no Alabama. A marcha de protesto pelos direitos civis capturou a atenção nacional quando os manifestantes pacíficos foram espancados sem piedade pelos soldados do estado na Ponte Edmund Pettus.

- A área de Watts em Los Angeles explode em violência após a prisão de um jovem motociclista masculino acusado de direção imprudente. No final do motim, 34 pessoas estão mortas, 1.032 feridos e 3.952 presos.

1966

- O Black Panther Party for Self-Defense é fundado em Oakland, Califórnia, por Huey Newton e Bobby Seale. O objetivo original do grupo é proteger os residentes de atos de brutalidade policial.

- Traçando um novo rumo para o movimento de direitos civis, Stokely Carmichael, presidente da Conferência de Liderança Cristã do Sul, usa a frase PODER NEGRO em um comício.

- O jogador de basquetebol Bill Russell, um dos maiores centros defensivos da história do esporte, torna-se o treinador do Boston Celtics. Ele é o primeiro treinador negro de uma grande equipe esportiva profissional nos Estados Unidos.

- Edward Brooke de Massachusetts torna-se o primeiro afro-americano a ser eleito popularmente para o Senado dos Estados Unidos.

- O feriado afro-americano do Kwanzaa, que tem como modelo vários festivais africanos de colheita, é criado por

Maulana Karenga, professora de estudos negros na Universidade Estadual da Califórnia em Long Beach.

1967

- O ativista de direitos civis Julian Bond é empossado como representante da legislatura do estado da Geórgia. Embora devidamente eleito, foi-lhe negado seu assento por se opor ao envolvimento dos Estados Unidos na Guerra do Vietnã. Em dezembro de 1966, a Suprema Corte dos Estados Unidos decidiu que sua exclusão era inconstitucional.

- A cantora Aretha Franklin, a "Rainha da Alma", lança uma série de sucessos, incluindo "Eu nunca amei um homem" e "Baby, eu te amo". Seu sucesso "Respeito" se torna algo como um hino para o movimento de direitos civis.

- No auge da Guerra do Vietnã, o campeão de boxe de peso pesado Muhammad Ali recusa-se a se juntar às forças armadas por causa de suas crenças religiosas. Condenado por violar a lei, Ali é barrado do ringue e destituído de seu título.

- O guitarrista de blues e rock Jimi Hendrix faz sua espetacular estréia no Monterey International Pop Festival.

- Thurgood Marshall torna-se o primeiro juiz afro-americano da Suprema Corte dos Estados Unidos. Como advogado, ele argumentou o caso BROWN V. CONSELHO DE EDUCAÇÃO DE TOPEKA.

- Carl Stokes é eleito prefeito de Cleveland, Ohio. Ele se torna o primeiro prefeito afro-americano de uma grande cidade dos Estados Unidos.

1968

- Eldridge Cleaver, o ministro de informação do Partido Pantera Negra, publica o livro autobiográfico SOUL ON ICE.

- No dia 4 de abril, o Reverendo Martin Luther King Jr. é assassinado em Memphis, Tennessee. Na semana seguinte, tumultos irrompem em cerca de 125 cidades ao redor do país. Ralph Abernathy o sucede como presidente da Conferência de Liderança Cristã do Sul, realizando a Campanha do Pobre Povo Pobre do grupo.

- Bob Beamon estabeleceu o recorde mundial no salto em distância nos Jogos Olímpicos de 1968 na Cidade do México, superando a marca anterior em 53 centímetros. Seu recorde se manteria até 1991, quando foi quebrado por Mike Powell.

- Depois de ganhar uma medalha de ouro olímpica, o velocista Tommie Smith e o companheiro de equipe John Carlos fazem uma saudação de poder negro durante a cerimônia de premiação. O Comitê Olímpico dos Estados Unidos os suspende.

- O ator James Earl Jones ganha aclamação e um prêmio Tony por seu retrato do lendário pugilista afro-americano Jack Johnson na peça THE GREAT WHITE HOPE. Jones mais tarde protagoniza a versão em filme (1970).

- Shirley Chisholm se torna a primeira mulher negra americana a ser eleita para o Congresso dos EUA, derrotando o líder dos direitos civis James Farmer.

1969

- O cofundador do Partido Pantera Negra Bobby Seale é julgado por conspiração para incitar tumultos na Convenção Nacional Democrática de Chicago, no ano anterior. Depois de protestar que lhe foi negado seu direito a um advogado durante o julgamento, o juiz ordena que ele seja amarrado e amordaçado.

1970–89: Mudanças revolucionárias

- O autor Ernest J. Gaines publica THE AUTOBIOGRAPHY OF MISS JANE PITTMAN, uma lembrança fictícia por uma mulher negra idosa dos anos entre a Reconstrução e o movimento de direitos civis.

1971

- No caso SWANN V. CHARLOTTE-MECKLENBURG BOARD OF EDUCATION, a Suprema Corte decide que os programas de ônibus destinados a acelerar a integração racial das escolas públicas nos Estados Unidos são constitucionais.

1972

- O escritor Ishmael Reed publica o romance MUMBO JUMBO. Seu tom irreverente revive com sucesso a tradição do romance satírico afro-americano.

- Shirley Chisholm, membro da Câmara dos Deputados de Nova York, é a primeira mulher afro-americana a fazer uma proposta séria para a presidência dos Estados Unidos.

1973

- Gladys Knight e os Pips produzem o álbum IMAGINATION, que vendeu milhões de cópias, ganhando dois prêmios Grammy.

1974

- O jogador de beisebol Hank Aaron atinge seu 715º home run, quebrando o recorde de Babe Ruth, que se mantém desde 1935.

- No conto "Rumble in the Jungle", o pugilista George Foreman, antes invicto em batalhas profissionais, cai para

Muhammad Ali em oito rounds em Kinshasa, Zaire (atual
República Democrática do Congo).

1975

- O tenista Arthur Ashe ganha o título de solteiro em
  Wimbledon, tornando-se o primeiro afro-americano a
  ganhar o prestigioso campeonato.

- Elijah Muhammad, líder da Nação do Islã, morre. Depois que
  seu filho renomeia a organização e a integra ao Islã
  ortodoxo, o ministro Louis Farrakhan recupera e reconstrói a
  Nação do Islã.

- Frank Robinson se torna o primeiro gerente afro-americano
  de um time da Major League Baseball, os Cleveland Indians.

1976

- Barbara Jordan, representante do Congresso do Texas, faz a
  palestra principal na Convenção Nacional Democrática. Ela
  confirma sua reputação como uma das mais eloqüentes
  oradoras públicas de sua época.

- O congressista Andrew Young, da Geórgia, torna-se o
  primeiro embaixador afro-americano dos Estados Unidos na
  Organização das Nações Unidas (ONU).

1977

- O romance RAÍZES DE Alex Haley: A SAGA DE UMA FAMÍLIA AMERICANA
  (1976) é adaptada para a televisão, tornando-se um dos
  programas mais populares da história da televisão
  americana.

- Benjamin L. Hooks torna-se o diretor executivo da NAACP,
  sucedendo a Roy Wilkins. Enfatizando a necessidade de
  ações afirmativas e o aumento do registro de eleitores
  minoritários, Hooks serve até 1993.

1978

- Na decisão Bakke relativa à ação afirmativa, a Suprema Corte dos Estados Unidos decide contra o uso de cotas raciais fixas na tomada de decisões sobre admissões para escolas profissionais. No entanto, ela determina que a raça pode ser um fator nas decisões sobre admissões.

1979

- O jogador de beisebol Lou Brock rouba sua 935ª base, tornando-se o líder de todos os tempos da carreira roubada da Liga Principal de Beisebol. Rickey Henderson estabeleceria um novo recorde de bases roubadas em 1991.

- UNITED STEELWORKERS OF AMERICA V. WEBER permite um programa de ação afirmativa para privilegiar os afro-americanos se o programa for destinado a remediar a discriminação passada.

- O rap vem a ter destaque nacional nos Estados Unidos com o lançamento da canção "Rapper's Delight" do grupo Sugarhill Gang.

1981

- O líder dos direitos civis Andrew Young é eleito prefeito de Atlanta, Geórgia, um cargo que ocupou até 1989.

1982

- O dramaturgo Charles Fuller ganha o prêmio Pulitzer de teatro pela PEÇA A SOLDIER'S PLAY. A peça examina o conflito entre soldados negros em uma base do exército sulista durante a Segunda Guerra Mundial.

- O cantor Michael Jackson cria uma sensação com o álbum THRILLER. Ele se torna um dos álbuns mais populares de todos os tempos, vendendo mais de 40 milhões de cópias.

1983

- A escritora Alice Walker recebe o Prêmio Pulitzer por THE COLOR PURPLE.

- Harold Washington vence a indicação democrata para prefeito ao incomodar a prefeita Jane Byrne e Richard M. Daley. Washington é então eleito o primeiro prefeito afro-americano de Chicago, Illinois.

- O líder dos direitos civis Jesse Jackson anuncia sua intenção de concorrer à indicação presidencial democrata. Ele se torna o primeiro homem afro-americano a fazer uma proposta séria para a presidência.

- Guion Bluford, Jr., torna-se o primeiro afro-americano no espaço como membro da tripulação do ônibus espacial CHALLENGER.

1984

- O COSBY SHOW, estrelado pelo comediante Bill Cosby, torna-se uma das mais populares comédias de situação na história da televisão. Ele é elogiado por seu amplo apelo transcultural e por evitar estereótipos raciais.

1986

- O dramaturgo August Wilson recebe o Prêmio Pulitzer de VEDAÇÕES. Ele ganha novamente o prêmio por THE PIANO LESSON em 1990. Ambas são do seu ciclo de peças, relatando a experiência negra americana.

- Martin Luther King, Jr., Day é celebrado pela primeira vez como um feriado nacional dos Estados Unidos. O feriado, em homenagem ao líder dos direitos civis Martin Luther King, Jr., foi oficialmente estabelecido por uma lei de 1983.

1987

- O atacante de basquetebol Julius Erving se aposenta após se tornar o terceiro jogador profissional a marcar um total de 30.000 pontos na carreira.

1988

- A corredora Florence Griffith Joyner conquista três medalhas de ouro e uma de prata nos Jogos Olímpicos de Seul, na Coréia do Sul.

1989

- A bailarina moderna Judith Jamison torna-se a diretora artística do Teatro de Dança Americana Alvin Ailey, após a morte de Ailey.

- David Dinkins se torna o primeiro afro-americano a ser eleito prefeito da cidade de Nova York.

1990-presente: Os anos do Milênio

1990

- O baterista de jazz Art Blakey morre. Após fundar os Jazz Messengers em 1954, ele foi responsável por nutrir gerações de jovens músicos de jazz.

1991

- O Senado vota 52-48 para confirmar a nomeação do Juiz Clarence Thomas para a Suprema Corte. Durante as audiências de confirmação, a ex-assistente de Thomas, Anita Hill, acusou que ele a havia assediado sexualmente.

- Com muita fanfarra, Henry Louis Gates Jr., é nomeado Professor de Humanidades da W.E.B. Du Bois na Universidade de Harvard. Ele continua a construir o Departamento de Estudos Afro-Americanos da universidade.

1992

- Os motins irrompem em Los Angeles, Califórnia, desencadeados pela absolvição de quatro policiais brancos apanhados em fita de vídeo espancando Rodney King, um automobilista negro. Os tumultos causam pelo menos 55 mortes e cerca de US$ 1 bilhão em danos materiais.

- O autor Terry McMillan publica WAITING TO EXHALE, que segue quatro mulheres afro-americanas de classe média, cada uma das quais está procurando o amor de um homem digno. A popularidade selvagem do livro leva a uma adaptação cinematográfica.

- A cantora Mary J. Blige lança seu primeiro álbum solo, WHAT'S THE 411?, produzido principalmente pelo rapper Sean "Puffy" Combs (Diddy). Redefinindo a música soul, o álbum mistura soul clássico com hip-hop e ritmo urbano contemporâneo e blues.

- Mae Jemison se torna a primeira astronauta afro-americana, passando mais de uma semana orbitando a Terra no ônibus espacial ENDEAVOUR.

- Carol Moseley Braun torna-se a primeira mulher afro-americana eleita para o Senado dos Estados Unidos, representando o estado de Illinois.

1993

- A poetisa Maya Angelou, autora da obra autobiográfica I KNOW WHY THE CAGED BIRD SINGS, compõe e entrega um poema para a inauguração do Presidente Bill Clinton.

- Cornel West, filósofo pós-moderno progressista, encontra um público importante com a publicação de seu livro "RACE MATTERS". É um exame atento da comunidade negra sobre a época dos tumultos de 1992 em Los Angeles.

- A poetisa Rita Dove, autora do livro premiado com o Pulitzer THOMAS E BEULAH, é escolhida como poetisa laureada dos Estados Unidos.

- A escritora Toni Morrison, ganhadora do Prêmio Pulitzer de ficção para o AMADO, recebe o Prêmio Nobel de Literatura.

- Joycelyn Elders torna-se a primeira mulher afro-americana a servir como cirurgiã geral dos Estados Unidos.

1994

- Aos 45 anos, George Foreman torna-se o mais antigo campeão mundial de boxe de peso pesado.

1995

- Em um dos mais celebrados julgamentos criminais da história americana, o ex-jogador de futebol running back O.J. Simpson é absolvido dos assassinatos de sua ex-mulher Nicole Brown Simpson e seu amigo Ronald Goldman.

- O Ministro Louis Farrakhan, líder da Nação do Islã, sobe ao auge de sua influência como o mais proeminente organizador da "Marcha do Milhão de Homens" de homens afro-americanos em Washington, D.C.

1996

- Nos Jogos Olímpicos de Atlanta, Geórgia, o velocista Michael Johnson se torna o primeiro homem a ganhar medalhas de ouro nos 200 metros e nos 400 metros. Ele estabelece um recorde mundial de 200 metros de 19,32 segundos.

1997

- Tiger Woods se torna o primeiro golfista afro-americano a vencer o Torneio de Mestres.

- Muitas mulheres afro-americanas se juntam à Marcha do Milhão de Mulheres na Filadélfia, Pennsylvania.

1998

- Michael Jordan, muitas vezes considerado o maior jogador de tudo na história do basquetebol, leva o Chicago Bulls ao seu sexto campeonato.

- A "Little Rock Nine" - nove estudantes negros que foram impedidos de freqüentar uma antiga escola pública totalmente branca em Little Rock, Arkansas, em 1957 - são premiados com a Medalha de Ouro do Congresso.

1999

- Rosa Parks é condecorado com a Medalha de Ouro do Congresso.

- O tiroteio e assassinato equivocado de um imigrante africano, Amadou Diallo, por policiais da cidade de Nova York, causa um clamor nacional.

2000

- A tenista Venus Williams torna-se a primeira afro-americana desde Althea Gibson (1958) a vencer o campeonato de solteiros em Wimbledon. No final do ano, ela se torna a primeira afro-americana a ganhar uma medalha de ouro em solteiros e duplica o tênis nos mesmos Jogos Olímpicos.

- Em resposta ao protesto generalizado e a um boicote da NAACP, o Senado da Carolina do Sul aprova um projeto de lei para retirar a bandeira confederada da sede do estado.

2001

- O General Colin Powell torna-se o primeiro afro-americano a servir como secretário de Estado dos EUA. Ele também foi o primeiro presidente afro-americano dos Chefes de Estado Adjuntos (1989-93).

- Condoleezza Rice é nomeada conselheira de segurança nacional, tornando-se a primeira mulher e a segunda afro-americana a ocupar este cargo.

- O bispo católico romano Wilton Gregory torna-se o primeiro afro-americano a ser eleito presidente da Conferência dos Bispos Católicos dos Estados Unidos.

2002

- A atleta Vonetta Flowers ganha uma medalha de ouro no evento de bobsled feminino, tornando-se a primeira afro-americana a ganhar uma medalha de ouro nos Jogos Olímpicos de Inverno.

- Halle Berry torna-se a primeira mulher afro-americana a ganhar o Oscar de melhor atriz.

2003

- A Suprema Corte dos EUA emite uma decisão sobre ações afirmativas na educação, defendendo o uso da raça nas políticas de admissão colegiada.

- 1º Tenente Vernice Armour torna-se a primeira mulher afro-americana piloto de combate no Corpo de Fuzileiros Navais dos Estados Unidos e na história militar dos EUA.

2004

- Rapper Kanye West lança seu primeiro álbum solo, THE COLLEGE DROPOUT. Produtor e intérprete de sucesso, ele ajudaria a produzir sucessos de artistas como Jay-Z, Ludacris, Alicia Keys, Nas, Lil Wayne, Mariah Carey, e Beyoncé.

- Barack Obama se torna o terceiro afro-americano a ser eleito para o Senado dos Estados Unidos após a Reconstrução.

- O jogador de beisebol Barry Bonds atinge o seu 700º home run.

2005

- Condoleezza Rice sucede Colin Powell como secretária de Estado dos EUA, tornando-se a primeira mulher afro-americana a ocupar o cargo.

2007

- As silhuetas eloqüentes da artista Kara Walker são o foco de uma grande exposição itinerante, "Kara Walker": Meu Complemento, Meu Inimigo, Meu Opressor, Meu Amor".

2007

- O pioneiro do rapper Grandmaster Flash e os Cinco Furiosos se tornam o primeiro ato de hip-hop introduzido no Hall da Fama do Rock and Roll.

2008

- Barack Obama é eleito presidente dos Estados Unidos, tornando-se o primeiro afro-americano a conquistar esse cargo.

2009

- Eric Holder torna-se o primeiro afro-americano a servir como procurador geral dos Estados Unidos.

- Rapper Jay-Z quebra o recorde da revista BILLBOARD DE Elvis Presley para o maior número de álbuns de um artista solo. O BLUEPRINT 3 é o décimo primeiro álbum de Jay-Z.

2010

- A NAACP seleciona o administrador de saúde Roslyn M. Brock, 44 anos, para seguir o ativista de direitos civis Julian Bond como seu presidente, passando assim o archote para uma nova geração.

2012

- Trayvon Martin, um adolescente negro desarmado, é baleado fatalmente por George Zimmerman, um voluntário de vigilância de bairro, em Sanford, Flórida. A morte de Martin agrava um debate sobre a persistência do racismo e do perfil racial nos Estados Unidos. Em 2013, um júri consideraria Zimmerman inocente. Protestos contra o veredicto são realizados em todos os Estados Unidos. Eles levam à formação do movimento social Black Lives Matter, que busca um melhor tratamento dos afro-americanos em todas as facetas da sociedade americana.

2013

- No CONDADO DE SHELBY v. HOLDER, a Suprema Corte dos Estados Unidos invalida uma disposição central da Lei de Direitos de Voto. A disposição impediu certas jurisdições de alterar as leis e procedimentos de votação sem aprovação federal. Após a decisão, vários estados do Sul introduziram mudanças controversas em suas leis de votação, tais como requisitos rígidos de identificação de eleitores.

2014

- Michael Brown, um adolescente negro desarmado, é baleado fatalmente por Darren Wilson, um policial branco, em Ferguson, Missouri. Dias de agitação civil e protestos irrompem, chamando a atenção nacional e internacional.

2015

- Loretta Lynch torna-se a primeira mulher afro-americana a servir como Procuradora Geral dos Estados Unidos.

2016

- Treze anos após sua criação, o Museu Nacional de História e Cultura Afro-Americana (NMAAHC) abre ao público no National Mall, em Washington, D.C.

2020

- Em meio a uma pandemia contínua da COVID-19, relatórios mostram que os afro-americanos estavam contraindo a doença e morrendo dela a taxas muito mais altas do que os brancos. Ao explicar estas grandes disparidades, muitos especialistas citam os efeitos do racismo sistêmico.

2020

- George Floyd, um homem afro-americano desarmado, é morto quando estava preso ao chão por policiais brancos em Minneapolis, Minnesota. Um policial ajoelha-se no pescoço de Floyd por vários minutos enquanto Floyd pede ajuda, indicando que não consegue respirar. Eclodem tumultos e manifestações não violentas, com grande número de manifestantes pacíficos se reunindo em nível nacional e depois internacional. Os protestos duram semanas enquanto as pessoas exigem o fim da brutalidade policial e das instituições, políticas e práticas que perpetuam o racismo.

Interessado na história da URSS?

A História da URSS 1914-1991 é um relato abrangente e autoritário de um dos períodos mais importantes da história do mundo moderno. Ela traça eventos desde a Rússia czarista, até a Revolução Bolchevique de Lenin, o governo de Stalin, o "Thaw" de Khrushchev e a estagnação de Brejnev - até Gorbachev e mais além. Este livro oferece uma perspectiva inigualável da sociedade soviética em todos os níveis - político, econômico, social e cultural.

Este livro é um relato abrangente da ascensão e queda do comunismo na Rússia. O autor examina como esses líderes lidaram com problemas econômicos como a escassez de alimentos e o desemprego. Ele também explora suas políticas externas durante a Segunda Guerra Mundial e posteriormente, quando tentaram manter um império que estava fugindo de seu alcance.

Você descobrirá como as pessoas viviam sob o comunismo; o que comiam; onde se divertiam; como eram feitas suas roupas; quem podia viajar ao exterior ou comprar bens estrangeiros; o que acontecia quando adoeciam ou morriam. E você aprenderá sobre todas aquelas coisas que agora são tão familiares, mas que ainda não tinham sido inventadas na época - telefones celulares, computadores, filmes ocidentais... Todas essas coisas surgiram desde 1991, mas este livro lhe dirá como era a vida antes delas.

Você poderá entender porque este país se desmoronou tão rapidamente após sua criação, lendo este livro! Há muitas lições aprendidas para aqueles que querem estudar os países comunistas ou simplesmente aprender mais sobre a história russa!

Você pode encontrar este livro em uma versão em brochura em todos os principais sites de livrarias

Se você está interessado na história da China, este é um grande livro para você!

Este livro é uma breve história da República Popular da China. Ele cobre tudo desde as Dinastias Antigas e Guerras Civis até a ascensão do Partido Comunista Chinês. Você pode ler sobre como tudo começou, o que aconteceu durante o governo de Mao Tse Tung, e muito mais!

Em 1949, o Partido Comunista Chinês (PCC) obteve sua primeira
vitória e estabeleceu a República Popular da China. O PCC foi
liderado por Mao Tse Tung e seus camaradas de luta como Zhou
Enlai, Zhu De, Chen Yun e Deng Xiaoping. Eles levaram o povo a
lutar contra os invasores japoneses e seus inimigos domésticos
incluindo proprietários, camponeses ricos, contra-revolucionários e
maus elementos que estavam sabotando a reconstrução nacional.

Se você estiver interessado em conhecer o passado deste país,
então este é um ótimo lugar para começar. O autor criou um livro
informativo que lhe dará uma melhor compreensão sobre o que
aconteceu ao longo do tempo. Ele também inclui imagens para
estudantes visuais que querem ver imagens e também palavras.

Este livro lhe contará como esses líderes ajudaram a moldar a China
moderna com suas habilidades de liderança que ainda hoje são
usadas! Você aprenderá como eles lutaram pela igualdade entre
todas as classes da sociedade, ao mesmo tempo em que
construíram uma economia que poderia competir em escala global.
Não se trata apenas de uma história sobre política ou economia - é
também uma história de cultura! Aprenda mais sobre os costumes
tradicionais a partir desta breve história da China!

**Você pode encontrar este livro em uma versão em brochura em
todos os principais sites de livrarias**